Serviço Social
em escolas

Dados Internacionais de Catalogação na Publicação (CIP)
(Câmara Brasileira do Livro, SP, Brasil)

Amaro, Sarita
Serviço Social em escolas : fundamentos, processos e desafios / Sarita Amaro. – Petrópolis, RJ : Vozes, 2017.

Bibliografia.

5ª reimpressão, 2024.

ISBN 978-85-326-5439-7

1. Assistência social 2. Educação – Aspectos sociais 3. Serviço Social escolar I. Título.

17-01696   CDD-361.3

Índices para catálogo sistemático:
1. Escolas : Serviço Social : Bem-estar social   361.3

Serviço Social em escolas

Fundamentos, processos e desafios

Sarita Amaro

EDITORA VOZES

Petrópolis

© 2017, Editora Vozes Ltda.
Rua Frei Luís, 100
25689-900 Petrópolis, RJ
www.vozes.com.br
Brasil

Todos os direitos reservados. Nenhuma parte desta obra poderá ser reproduzida ou transmitida por qualquer forma e/ou quaisquer meios (eletrônico ou mecânico, incluindo fotocópia e gravação) ou arquivada em qualquer sistema ou banco de dados sem permissão escrita da editora.

CONSELHO EDITORIAL

Diretor
Volney J. Berkenbrock

Editores
Aline dos Santos Carneiro
Edrian Josué Pasini
Marilac Loraine Oleniki
Welder Lancieri Marchini

Conselheiros
Elói Dionísio Piva
Francisco Morás
Gilberto Gonçalves Garcia
Ludovico Garmus
Teobaldo Heidemann

Secretário executivo
Leonardo A.R.T. dos Santos

Editoração: Flávia Peixoto
Diagramação: Mania de criar
Revisão gráfica: Fernando Sergio Olivetti da Rocha
Capa: Bruno Margiotta

ISBN 978-85-326-5439-7

Este livro foi composto e impresso pela Editora Vozes Ltda.

SUMÁRIO

Introdução, 7

I – Serviço Social nas escolas no século XXI: um novo (re)começo?, 11

II – Desafios para o assistente social que pretende atuar na educação, 19

III – O Serviço Social e a questão social na escola, 36

IV – Fundamentos e processos potenciais, 100

V – Identidade e formação para o trabalho em escolas, 143

Referências, 155

Índice, 169

INTRODUÇÃO

A educação, há muito, não é mais um palco para questões exclusivamente curriculares. A começar pela quantidade expressiva de sujeitos que reúne e, por adição, tendo em conta a diversidade de cada um, com suas histórias, interesses e necessidades, a escola revela-se um espaço dinâmico e dialético, em que processos de inclusão e exclusão, construção, negação e recriação, dentro do universo da cidadania, são experimentados. Isso significa que no cotidiano escolar fenômenos como racismo, homofobia, violências, trabalho infantil, agravos à saúde e a constante luta por cidadania são onipresentes e se corporificam nas relações sociais e pedagógicas construídas.

Esse cenário, por sua peculiaridade, tem exigido esforços incalculáveis de educadores e gestores, esforços que nem sempre são exitosos por conta de sua formação não oferecer subsídios à construção de práticas sociais em territórios educacionais.

Esses condicionantes têm justificado a crescente inserção de assistentes sociais em instituições educacionais, especialmente em escolas de todo o país. Há experiências incríveis de Serviço Social em escolas no Brasil. A maioria delas gravita em torno da inclusão educacional (que atende a questões específicas e recorrentes como a educação especial e inclusiva, a diversidade na escola e a promoção da frequência e do sucesso escolar), mas sua especificidade na escola se dirige diretamente às múltiplas manifestações da questão social que interferem, impondo obstáculos, nos processos educativos e, consequentemente, no itinerário social dos educandos – com destaque para o trabalho infantil, a gravidez na adolescência, a relação com as drogas, a exploração sexual infantojuvenil e a violência social, entre tantos outros fenômenos sociais.

Contudo, ainda muito pouco se sabe sobre a presença do Serviço Social nas redes de educação básica. Sabe-se de situações isoladas de assistentes sociais atuando em instituições educacionais, municipais ou estaduais, mas a falta de relato e "rede" ainda os mantém invisíveis.

A dispersão geográfica dessas experiências agrava o isolamento e o processo de descoletivização desse grupo de profissionais. Evidentemente, essa condição acaba por fragilizar também a qualidade do processo de trabalho, dado que essas fronteiras acabam afastando os profissionais de canais ativos de diálogo para refletir, analisar e provocar a recriação e revisão dos processos de trabalho que vêm sendo desenvolvidos.

Apesar do empenho de alguns poucos pesquisadores, as pesquisas nesse campo ainda são raras e muito pontuais. Resultado: carece-se de orientações e fundamentos capazes de revelar/fomentar processos profissionais voltados à superação de dificuldades educacionais e sociais, direta ou indiretamente associadas à questão social.

Muitas das dificuldades conhecidas não são exclusivas de uma região, esfera ou nível educacional. Ou seja: são expressões da questão social mais ampla, derivada de condicionantes globais, históricos e/ou político-culturais. Assim, o trajeto educacional de alunos deficientes, indígenas, afrodescendentes ou homossexuais, dado o preconceito e exclusão social históricos que os cercam, reproduz e, não raro, cronifica sua vulnerabilidade social e educacional. Nesse sentido, a *expertise* e contributo do Serviço Social no cenário educacional ganham relevância e legitimidade.

Tal reconhecimento social em expansão tem desencadeado um movimento em defesa da legalização da criação de cargos e ampliação das vagas de assistentes sociais nas redes de educação básica. As entidades organizativas da categoria profissional (Cress, Cfess), aliadas a organizações ligadas aos executivos estaduais e regionais, bem como a setores associativos das redes escolares, têm sido os principais promotores desse movimento.

A luta pró-Serviço Social na educação pública, acionada pelo Conselho Federal de Serviço Social e por suas representações nos Estados, os Conselhos Regionais (Cress), intensificou-se em meados da década de 2000, quando alguns projetos de lei eclodiram e começaram a ser aprovados.

Expressivamente, desde o ano de 2006 o tema Serviço Social na educação consta da agenda do Conjunto Cfess/Cress e tem movimentado fóruns de debates, seminários, pesquisas e publicações de artigos científicos em todo o país. Esse movimento tem repercutido positivamente na produção científica do Serviço Social na educação, dinamizando a abertura de grupos de pesquisa sobre a inserção do Serviço Social na educação e a publicação de artigos e relatos de experiências sobre o tema nos Congressos Brasileiros de Assistentes Sociais.

Todas essas ações e esforços têm sido centrais na afirmação, normatização e institucionalização do Serviço Social nas redes de ensino básico do país. Como resultado, vários estados e municípios se organizaram e têm o assistente social nos quadros de profissionais de sua rede educacional, enquanto outros municípios e estados aguardam a aprovação de projetos de lei que instituam o cargo do assistente social nas redes educacionais públicas.

Estamos, portanto, em compasso de intenso movimento, em que espaços e oportunidades de trabalho nesse campo estão em plena ascensão e ampliação. A presente obra pretende colaborar nesse processo, oferecendo orientações, recomendações e subsídios à abertura e ao aprimoramento desses processos, conversando com o profissional que atua ou pretende atuar em escolas.

Evidentemente, por conta da expansão orgânica do Serviço Social nas instituições educacionais, a obra também interessa a gestores, sejam dirigentes educacionais, sejam coordenadores de setores de recursos humanos, que gerenciam processos seletivos, concursos públicos ou atividades de formação.

Nesta obra em particular, focalizamos na unidade central do trabalho do Serviço Social na educação: a escola. Afinal, é no microcosmo da escola que o trabalho profissional se realiza, que a questão social se manifesta, que as superações e mudanças são promovidas, enfim, que o cotidiano cria-se e recria-se, dialeticamente.

A obra, portanto, atende às preocupações e aos interesses dos assistentes sociais que atuam nas diferentes instituições educacionais, seja em nível de gestão ou de execução, e que têm a escola como unidade estratégica. Nesse sentido, aponta desafios e demandas, bem como apresenta fundamentos e processos ao trabalho junto a escolas públicas, estaduais, municipais ou federais (como os Institutos Federais de Educação, Ciência e Tecnologia espalhados por todo o país), assim como em escolas privadas ou particulares.

O conhecimento decorrente de mais de vinte anos de atuação nesses cenários, lapidado pelo pós-doutoramento em Serviço Social na educação, qualifica e justifica a apresentação desta obra, bem como seu contributo tanto ao Serviço Social, como à sociedade.

I
SERVIÇO SOCIAL NAS ESCOLAS NO SÉCULO XXI: UM NOVO (RE)COMEÇO?

Apesar do que geralmente se ouve acerca da suposta "juventude" do Serviço Social na educação, de fato não é nova a presença do Serviço Social no cenário educacional. Tem-se registros de que no Estado do Rio Grande do Sul a atuação de assistentes sociais em escolas e atividades ligadas à agenda da educação, enquanto política pública, iniciou na década de 40 do século passado.

O mais antigo registro que temos conhecimento do Serviço Social educacional, remete ao Estado do Rio Grande do Sul, quando foi implantado como serviço de assistência ao escolar na antiga Secretaria de Educação e Cultura, em 25 de março de 1946, através do Decreto 1.394[1].

> Articulado ao programa geral de assistência ao escolar, suas atividades estavam voltadas à identificação de problemas sociais emergentes que repercutissem no aproveitamento do aluno, bem como à promoção de ações que permitissem a "adaptação" dos escolares ao seu meio e o "equilíbrio" social da comunidade escolar (AMARO, 1997b).

Os assistentes sociais eram requisitados a intervir em situações escolares consideradas divergentes, desvio ou anormalidade social.

A escola era vista como um espaço privilegiado de sociabilidade principalmente quando os "aspectos morais"da família

---

1. Conforme dados extraídos do *Manual do DAE* – Departamento de Assistência ao Educando (apud AMARO et al., 1997b).

eram "deficitários". Nesse sentido, [...] definia-se que a finalidade do Serviço Social Escolar era "auxiliar a prevenir, curar ou minorar as deficiências dos escolares" (KFOURI, apud WITIUK, 2004: 47).

A vinculação ideológica, por subordinação ou opção, ao projeto político do Estado conformou até a metade da década de 1970 um Serviço Social de caráter essencialmente clínico, apolítico, funcional-conservador e, portanto, legitimador da ordem vigente.

A intervenção no espaço educacional seguia a lógica desenvolvimentista voltada à preparação social dos indivíduos a fim de torná-los, segundo suas aptidões, cidadãos produtivos e úteis ao capital.

Entre as funções do assistente social estavam:

- examinar a situação social e econômica dos alunos e suas famílias;

- identificar casos de desajuste social e orientar pais e professores sobre o tratamento adequado;

- orientar a organização e o funcionamento de entidades que congreguem professores e pais de alunos;

- orientar as famílias no encaminhamento dos alunos a instituições previdenciárias;

- realizar triagem de alunos que necessitem de auxílio para material escolar, transporte, tratamento médico e dentário;

- preparar relatórios e prestar informações sobre suas atividades;

- manter articulação com os grupos da escola (professores, pais) e outras entidades comunitárias;

- esclarecer e orientar a família e a comunidade para que assumam sua parcela de responsabilidade no processo educativo.

Com a reconceituação e seus desdobramentos críticos na identidade e ação dos assistentes sociais em geral, a intervenção no contexto educacional ganhou novos contornos, sobretudo a partir da década de 1980. Descobre-se que a escola funciona como um aparelho ideológico e serve funcionalmente à reprodução social mediante a educação massificadora, tradicional e bancária que oferta. Em vista disso, parte-se à construção de práticas profissionais que não só sirvam à retroalimentação da política educacional como também a problematizem, enfocando nos aspectos econômicos, sociopolíticos e culturais e nas contradições entre a escola e a realidade social.

Nessa perspectiva, ações renovadas passam a compor o repertório do assistente social na escola.

O diálogo, o debate e a participação da família na escola, em razão dos ideais democráticos assumidos pelo Serviço Social reconceituado, tornaram-se referendos indispensáveis ao trabalho social. Entre as atividades desenvolvidas nesse sentido, destacam-se:

• o desenvolvimento de ações voltadas à gestão democrática da escola e a ampla capacitação sociopolítica da comunidade escolar;

• a mobilização da participação da família no processo de aprendizagem do aluno e na gestão da escola.

O diagnóstico, o planejamento e a intervenção profissional revigoraram-se ao incluir em sua pauta o enfrentamento da fome, da miséria, do conformismo político e da violência contra a criança que, na escola, determinam as situações de fracasso, evasão e repetência. A intenção renovada patrocinou as seguintes ações:

• a coordenação e execução de políticas de ação social voltadas ao atendimento das demandas escolares, com atenção especial aos grupos mais pauperizados e excluídos;

• o levantamento e a identificação de necessidades, interesses e preocupações da comunidade escolar;

• o gerenciamento e a execução de programas de assistência social na educação;

· a realização de estudos situacionais e pareceres técnicos sobre a realidade sociofamiliar e a história social do aluno em acompanhamento profissional.

Os baixos índices de escolarização, o "entra e sai" da escola, a distorção idade/série, maus-tratos, o estresse e a depressão infantis, comuns entre as classes populares, por conta das situações socioeconômicas a ela impostas, passam a ser objeto de atenção do assistente social.

Nessa trilha, construíram-se ações voltadas à organização da escola para o "sucesso" da criança e do adolescente como aluno e como cidadão, tais como:

· participação em trabalhos interdisciplinares (em termos de pesquisa, estudo, orientação, encaminhamento e atendimento) dirigidos à promoção social dos alunos;

· promoção de estudos e ações que contribuam à melhoria do rendimento escolar e à redução dos fatores que determinam o fracasso escolar;

· organização de estudos e ações com vistas à diminuição das dificuldades infantis e à realização sociopedagógica do aluno.

Estas ações eram possíveis através da articulação social com CPMs (Círculo dos Pais e Mestres), Conselhos Tutelares, Grêmios Estudantis, Conselhos Escolares e da ação integrada com professores e a equipe multiprofissional disponível na "rede" social já inventariada.

No início da década de 1990 as equipes técnicas ganharam nova configuração, assumindo definitivamente as funções de "equipe de saúde escolar", sendo alguns setores vinculados à pasta da saúde estatal, ainda que permanecendo situado fisicamente no ambiente escolar de origem. Assim, o trabalho do assistente social não sofreu mudanças expressivas, tendo apenas ampliado sua atenção às questões sociais emergentes na escola.

Situações antes atendidas exclusivamente por médicos, nutricionistas e psicólogos passam a contar com a abordagem também do assistente social. É o caso de alunos deficientes, usuários de drogas, de meninas grávidas, alunos vítimas de discriminação (étnica ou de gênero), assim como situações de maus tratos e de *bullying*.

O atendimento dessas novas demandas resultou na inclusão das seguintes frentes de ação na pauta profissional:

• planejamento e execução de estudos e ações dirigidos à qualificação das condições político-pedagógicas do sistema educacional e seu impacto no desenvolvimento pedagógico do aluno;

• planejamento e execução de programas e ações dirigidos à revitalização e à democratização das relações sociais na escola entre professores, alunos e funcionários e seus próprios pares;

• planejamento e execução de estudos e ações programáticas que contribuam à promoção escolar e à redução dos índices de abandono/afastamento da escola;

• organização de estratégias programáticas articuladas, interdisciplinares e intersetoriais, voltadas a observar, diagnosticar, abordar e prevenir manifestações discriminatórias contra negros, indígenas, homossexuais, portadores do vírus HIV ou pessoas portadoras de necessidades educacionais especiais;

• planejamento e execução de programas e ações voltados tanto à capacitação social de recursos humanos dos profissionais de educação atuantes na escola como à promoção da saúde humana e ocupacional, diminuindo o estresse ocupacional e doenças associadas, como o *burnout*;

• planejamento e execução de ações de educação e saúde junto a famílias, alunos e professores, dirigidos à melhoria da qualidade de vida da comunidade escolar.

No atual século, a institucionalização do Serviço Social no cenário educacional, tanto na esfera pública como privada, ainda é recente, mas avança rapidamente. Em especial, no caso da esfera pública, a expansão do Serviço Social nas escolas segue no compasso de projetos de lei que se sobrepõem requisitando nas três esferas a presença do cargo assistente social na estrutura de organizações educacionais públicas que ofertam o ensino básico.

Como resultado: atualmente, em muitas escolas públicas (e também em escolas privadas) o Serviço Social já está instituído. Nestas, o assistente social geralmente conjuga esforços com as equipes de apoio pedagógico já existentes, compostas por orientadores e supervisores educacionais e, em alguns casos, por outros profissionais, como, por exemplo, psicólogos.

Nessa mesma direção, por conta da avalanche de oferta de vagas para assistentes sociais em concursos públicos nos Institutos Federais de Ensino Básico, Técnico e Tecnológico, grande parte das unidades espalhadas pelo país já tem em seus quadros o assistente social. Nesse cenário, a unidade escolar, ou mesmo a reitoria, tem sido a sede ou local onde o profissional – em geral integrado a uma equipe sociopedagógica – desenvolve seu plano de ação, organizando e executando suas estratégias profissionais, em atenção às demandas da realidade escolar.

Em nosso entendimento, o momento presente do Serviço Social assemelha-se a outros já vividos na história de institucionalização da profissão, em que a construção do "novo" se avizinha de processos de conservadorismo e resistência, reprodução e superação, alienação e crítica, no compasso em que vai forjando sua fundamentação e legitimidade.

São momentos em que o Serviço Social se viu às margens, ora do fatalismo ora do messianismo, sob uma nebulosa de incertezas e dúvidas; não raro, coagido à construção de respostas plasmadas a um agir funcional e reprodutivista, em que os valores fundantes e as diretrizes ético-político-profissionais eram persistentemente colocados à prova.

À semelhança desse processo, na contemporaneidade, carece o Serviço Social – em que pese o esforço empreendido em suas bases organizativas na formulação de subsídios – de respostas concretas à pergunta: **Qual a especificidade do Serviço Social na educação?** O não saber responder a essa questão tensiona o profissional e o expõe a um lugar desconfortável, lugar do "não ser", na medida em que não sabe o que fazer, em que direção atuar e com que estratégias agir.

Parafraseando uma passagem do texto de Martinelli (2005), "[...] estaria claro aos agentes que ao assim sucumbirem [...] era seu próprio ser dialético, sua consciência social, sua identidade profissional que sucumbia, para dar lugar a um não ser, a um ser sem efetividade, a uma categoria reprodutora de uma prática reificada [...] sem nenhum potencial de transformação da realidade?" (2005: 16) e noutra passagem, diz a autora (2005: 17): "Não se trata de um pensar estático sobre um momento específico, mas um pensar dialético, que, recuperando a história, seus movimentos e os diferentes momentos de prática social [da profissão], busca compreender o Serviço Social como fenômeno social, histórico [político] e cultural".

Nesse sentido, a ausência ou frágil consciência da especificidade do trabalho profissional na educação não só constitui um problema identitário, como compromete a resposta competente e consequente do assistente social em atenção ao que dispõe o projeto ético-político da profissão.

A questão que colocamos, a exemplo de outros momentos históricos da profissão, é que devemos estar atentos que, nesse "recomeço" – a inauguração do Serviço Social no cenário educacional –, o assistente social está exposto a velhas situações que colocam em risco e "prova" sua consciência, fundamentação e identidade profissional.

A vulgarização do saber do Serviço Social por profissionais de outras áreas – na máxima "isso qualquer um faz", ou na designação de tarefas inapropriadas e dissonantes de sua competência –, associada a visões estereotipadas da identidade e prática do assistente social na educação[2], são as primeiras amarras a romper. Essa movediça nutre-se da insipiência profissional na área, da escassa sistematização das experiências existentes, bem como da reduzida produção cientifica relativa ao tema.

O caminho para vencer esses obstáculos passa pela tomada de consciência e posição acerca de sua competência, bem como pela busca constante de aperfeiçoamento – irrestrito ao saber específico do Serviço Social –, e também pela capacidade crítico-argumentativa e de sistematização (registro e memória) dos processos de trabalho (e superações) profissionais que organiza na área educacional.

---

2. Na educação, não é incomum ver dirigentes e mesmo educadores imputarem ao Serviço Social – sobretudo quando não são esclarecidos de sua competência – ações sanitaristas-higienizadoras, como "catar" piolhos dos escolares, palestrar sobre higiene e saúde do corpo, sobre a saúde dos alimentos ou mesmo sobre a manutenção de um ambiente escolar organizado e limpo. Essas práticas remetem a um passado profissional e aos primórdios do Serviço Social na educação, em que o mesmo correspondia a uma função reguladora, normalizadora e higienizadora – como se tratou no primeiro capítulo da obra *Serviço Social na escola: o encontro da realidade com a educação* (AMARO et al., 1997).

II
DESAFIOS PARA O ASSISTENTE SOCIAL QUE PRETENDE ATUAR NA EDUCAÇÃO

1 Descobrir a escola como lócus do trabalho profissional

O diálogo com leitores de meus textos ou com o público das palestras que venho ministrando há anos tem permitido uma escuta de suas dúvidas e inquietações mais latentes. Perguntas como: "O que faz o Serviço Social na educação, e mais especificamente em uma escola?" são correntes. E são complementadas por comentários como: "Só agora, que passei a atuar na educação, vejo como esse ambiente é diferente de todos em que anteriormente atuei". Ou ainda: "Passei no concurso, tomei posse, e estou angustiada, pois não me vejo preparada para atuar nesse espaço".

Essas falas, enquanto discurso, revelam uma verdade: o Serviço Social conquistou – e segue ampliando – sua inserção em espaços educacionais públicos e privados de todos os níveis de ensino, mas precisa fortalecer sua qualidade e competência profissional para saber-identificar e poder-responder às especificidades de seu trabalho nesse lócus; condição fundamental à sua ressonância, legitimação e expressão profissional no âmbito educacional.

Mas para fomentar a efetiva inserção no espaço educativo e/ou escolar exige-se mais do que um interesse nessa direção. À medida que o processo construtivo proposto refere o caminho da organização, sedimentação e qualificação do Serviço Social educacional, urge que se restaure o diálogo entre o Serviço Social e a agenda da educação. Isso implica aceitar e "abraçar" a educação como política pública, entendê-la na interface com as outras políticas sociais, inclusive as de seguridade; mas, sobremaneira, necessita efetuar um importante e inadiável rompimento com a cultura de trabalho e rotinas próprias do Serviço Social em outras políticas públicas.

Isso, à primeira vista, pode parecer fácil, mas não o é, pois a escola funciona de modo diferente das instituições assistenciais ou de saúde pública, por exemplo. As escolas têm um ritmo, uma dinâmica e uma dialógica próprias, condições que o assistente social precisa aprender a olhar e compreender para efetivamente nelas atuar.

Trata-se de "reprogramar" o Serviço Social para compreender-se e aceitar-se fora da atuação restrita ao âmbito das políticas de seguridade social e que marcou a história da profissão no país. Isso implica, dialeticamente, "renovar-se" para atuar na política educacional. Ou seja: aprender sobre sua institucionalidade, temporalidade, dinâmicas, fluxos e rotinas típicos, bem como olhar para a complexidade das relações sociais, muito mais do que exclusivamente pedagógicas, que a instituição educacional abriga e potencia.

2 Conhecer profundamente a política educacional

Como avançar no trabalho na área educacional sem o conhecimento aprofundado da política educacional vigente no país e da unidade de ensino/educação em que se trabalha?

A contextualização e o conhecimento do lócus profissional assim como da demanda dirigida ao Serviço Social devem estar sempre na lente das prioridades do assistente social, principalmente quando este ingressa em uma instituição ou organização.

Nesse devir, conhecer o ambiente educacional implica ir além do lócus imediato – a escola – e avançar no estudo de sua base legal até a análise e compreensão dos cenários, situações, conjunturas e relações, assim como as contradições e fissuras entre esses componentes, que se manifestam no âmbito escolar. Isso supõe desvendar, observar e analisar criticamente as características organizativas, políticas e culturais da escola como espaço social, coletivo, educativo e de cidadania; pois será sobre as bases desse conhecimento que o trabalho profissional será planejado e organizado – tendo em vista seu papel político estratégico na formação social do sujeito, do cidadão e de uma sociedade forjada na justiça e igualdade social.

É, assim, de fato, prioritário que o assistente social realize a análise contextual e institucional da educação em nível **macro** (bases legais – incontornavelmente, a Constituição Federal e a LDB –, políticas e programas nacionais, parâmetros curriculares nacionais, relatórios do MEC/Inep relativos a indicadores da realidade educacional) e **micro** (tendo por referência a unidade educacional em que se insere), buscando compreender os processos de surgimento, implantação e expansão relativos à oferta da atividade/serviço educacional naquela comunidade, com ênfase na interpretação dos aspectos sociais, culturais, econômicos, políticos e regionais que condicionam e explicam as relações pedagógicas, sociais, comunitárias, de trabalho e de gestão que se organizam naquele espaço educacional.

Assim, a implantação de um Instituto Federal de Educação, Ciência e Tecnologia, de uma escola técnica ou do nível médio em uma escola e, tempos depois, a consequente abertura de concurso público para o cargo de assistente social, deve ser contextualizada, interpretada e compreendida em sua historicidade e complexidade próprias. Essa análise, associada a de outros fatores, certamente favorecerá o entendimento e, consequentemente, a ação acertada, sobre as reais e legítimas demandas, necessidades e interesses de cada comunidade regional, escolar ou educacional.

O que estamos querendo dizer é que muitas vezes nas origens da instituição ou do programa que nos abriga como profissionais está a chave que esclarece ou pelo menos indica o caminho a seguir como profissional naquele espaço.

Comumente, a oferta de muitos serviços educacionais ou sua descentralização ocorre por força de mobilização social, de segmentos da sociedade organizada. Então, ao sermos inseridos em uma instituição educacional assim nascida naquela região, como não dialogar com a comunidade sobre suas dificuldades, interesses e necessidades, no processo de planificação do trabalho profissional? Igualmente, isso deveria ocorrer quando na inserção do assistente social em Secretarias de Educação municipais, estaduais e nas coordenadorias regionais que gestam a agenda da educação pública em diversas localidades.

Esse processo de apropriação e conscientização profissional não se dá em uma temporalidade imediata ou imediatista, mas é processual e deriva de sucessivos aprofundamentos. Parte de uma atitude empoderada e crítica do profissional e requisita um olhar e ação "abertos", eticamente orientados e politicamente capacitados para agir. Isso implica "aprender a ver" os sujeitos que atuam e convivem no cenário educacional em seus papéis sociais e institucionais, bem como nas relações sociais e de poder plasmadas em outras, comunitárias, pedagógicas, administrativas ou em rede, que orquestram. O conhecimento aprofundado e permanente desses elementos e suas inter-relações são centrais ao trabalho profissional e servem de ponto de partida a uma análise institucional, numa perspectiva crítica.

3 Compreender a dialética das relações e ações que ocorrem em ambientes escolares

> *A vida na escola se revela não só nos conteúdos, livros e aulas, mas nas experiências informais que ocorrem nas salas de aula, no recreio, no pátio, em que variados gestos de alunos, de pessoal administrativo, de pessoal docente se cruzam cheios de significação* (FREIRE, 1996: 44).

Conhecer a comunidade, a política e a conjuntura educacional é essencial no trabalho do assistente social em escolas. Mas, mais que isso, é preciso compreender como são tecidas as redes, os laços, as comunicações e, enfim, as relações e as ações que ocorrem nos espaços escolares.

Sim, porque na escola não apenas existe o ensinar e o aprender, mas mais que isso, processos dinâmicos, forjados na socialização (FREIRE, 1996).

Aqui faz-se referência à necessidade de compreender as relações que ultrapassam o curricular, o didático, o formal e o previsível nas conexões e divisas que são construídas pelos diferentes sujeitos que convivem em uma mesma escola.

Nessa perspectiva, inicialmente importa considerar que a força motriz da escola situa-se na experiência e convivência de seus sujeitos; respectivamente manifestas em suas ações e em suas interações.

E ao dizermos isso estamos colocando em discussão a complexidade da diversidade e da história de vida que cada sujeito biografa e traz para sua convivência e ação na escola. A *riqueza* de tantas e diversificadas representações, sonhos, expectativas, experiências, culturas, habilidades, capacidades divide espaço com a *estranheza* que muitas vezes cerca o ato de abrir-se a convivência com "o outro".

A questão que se coloca e que desafia cada um que habita a escola, seja ele professor, funcionário ou aluno, é que a diversidade adicionada ao inesperado é fator desencadeador de grande parte das situações que são referidas como difíceis ou problemáticas.

Cada sujeito, por meio de sua visão de mundo, valores, interesses e atitudes, imprime sua "marca" na escola. Essas "marcas" se revelam nas relações que são construídas. Não se está simplesmente considerando a biografia que cada um traz à escola e que, por sua vez, repercute nas relações. Mas chama-se a atenção para o modo como cada sujeito representa-se e reproduz-se na escola, à luz de seu quadro de valores e experiências. É preciso ver e compreender que no cotidiano escolar a dança relacional das superações é sempre forjada na reciprocidade e na complementaridade.

Mas há que ir um pouco além e sair do romantismo: é preciso reconhecer que a convivência na escola abriga não apenas encontros e "somas", mas também tensões, subtrações de poderes. Em geral isso acontece entre alunos, por conta de diferenças, intolerâncias e disputas diversas (movidas por assuntos que vão desde o time de futebol até interesses/rusgas amorosos).

Na maioria dos casos, o intervalo do recreio e o pátio são palco a esses confrontos. O que sugere que devam ser melhor acompanhados/cuidados pelos educadores, a título de prevenção da violência escolar ou eventos que a impulsionem.

Mas, obviamente, nas salas de aula também ocorrem confrontos. Muitos deles ocorrem sob os olhos dos professores e muitas vezes até podem ser evitados. Referimo-nos aqui à relação social e protetiva, essencialmente formadora, que transcende a relação educativa centrada apenas no currículo.

Mas o que dizer quando é a relação do professor com os estudantes que é sobrecarregada de ruídos e intolerâncias?

Em certa passagem de um texto, Freire reflete sobre isso: "Às vezes, mal se imagina o que pode passar a representar na vida de um aluno um simples gesto do professor" (FREIRE, 1996: 24).

Tudo funciona numa espiral relacional: diante de um desacerto ou diferença, professor e aluno trocam "farpas". Ao ser ofendido o aluno tende a rebater (verbal e não raro fisicamente). O professor, por sua vez, "sem bater fisicamente no educando pode golpeá-lo, impor-lhe desgostos e prejudicá-lo no processo de sua aprendizagem" (FREIRE, 1996: 122).

Nessa perspectiva, tanto professor como aluno são sujeitos "em formação" e "em interação" que se criam/recriam e revelam mutuamente no contexto da relação que vivenciam.

No dizer de Freire: "Não há docência sem discência, as duas se explicam e seus sujeitos, apesar das diferenças que os conotam, não se reduzem à condição de objeto um do outro. Quem ensina aprende ao ensinar e quem aprende ensina ao aprender" (FREIRE, 1996: 23).

Contudo, nem sempre essas relações são compreendidas ou assumidas nessa perspectiva pelos sujeitos, sejam eles alunos ou professores. Mas, segundo Freire, não há dúvidas que é "socialmente aprendendo [...] que vivemos a autenticidade exigida pela prática de ensinar-aprender [e por meio dela] participamos de uma experiência total, diretiva, política, ideológica, gnosiológica, pedagógica, estética e ética, em que a boniteza deve achar-se de mãos dadas com a decência e com a seriedade (FREIRE, 1996: 24).

Assim, no cotidiano da escola, somos todos aprendizes e formadores. Contribuímos à revisão e recriação do(s) outro(s) e somos por ele(s) recriados, transformados.

A via do ensinar-aprender não é, contudo, linear, com interesse na permanência; mas, ao contrário, é curvilínea, reflexiva e crítica, com interesse na transformação. Também não é vertical, mas horizontal. Não é unidirecional, mas sim multidirigida. Por isso, o processo de conhecimento (curricular, social) resultante é sempre tenso, conflitante e prenhe de desafios.

O modo como cada sujeito vive as interações em que se situa é influenciado pelo modo como os outros as vivem, ensejando assim um caminho realçado pelo inesperado, as incertezas, as conflitivas, os confrontos, os encontros e desencontros, o desassossego e as contradições.

Quando essas relações eclodem ou chegam à expressão criam dificuldades não apenas para os sujeitos diretamente envolvidos, mas para os demais segmentos que habitam a escola, dos mais próximos (a turma ou classe escolar específica) aos outros mediatos, a série, a escola, a comunidade escolar. E exatamente por isso essas expressividades precisam ser compreendidas, significadas e transmutadas:

> É preciso que saibamos que, sem certas qualidades ou virtudes como amorosidade, respeito aos outros, tolerância, humildade, gosto pela alegria, gosto pela vida, abertura ao novo, disponibilidade à mudança, persistência na luta, recusa aos fatalismos, identificação com a esperança e abertura à justiça, não é possível compor uma prática pedagógico-transformadora (FREIRE, 1996: 120).

É neste contexto que torna-se essencial ao profissional compreender como se organiza a teia relacional da escola, tendo em vista as disputas de poder, os canais de resistência e dialógicos possíveis, bem como as *performances*, interesses, dificuldades e necessidades dos diferentes sujeitos.

4 Compreender a categoria tempo no cotidiano na escola

O tempo é uma medida de mudança de diferentes processos, e diz respeito a presente, passado e futuro. Tempo é duração, tempo é *continuum/descontinuum*, tempo é ciclo, tempo é mudança/mutação. Diz respeito à cronologia (tempo do relógio); à passagem de um estado a outro (história, mudanças, percursos, superações e construções no espaço-tempo); mas também à duração das coisas, das rotinas, dos hábitos, das normas, das relações, das emoções e das ocorrências sociais.

Um direito social e seus códigos ético-normativos serão sempre o direito adequado ao seu tempo histórico. Pode-se comparar, mas apenas "relativizando" relações humanas e leis de diferentes tempos históricos. O mesmo acontece com as instituições e os sujeitos que nelas transitam, atuam ou são atendidos. Compreendê-las requisita um olhar especial para o tempo em que se insere e os movimentos e acontecimentos sócio-político-culturais (entre tantas outras dimensões) daquele tempo sócio-histórico.

Assim considerando, não há dúvidas de que o tempo é uma categoria importante na vida social. O tempo implica e é implicado em tudo o que fazemos e dá o compasso à criação de uma obra, seja ela material, como um objeto, ou imaterial, como a realização de um sonho idealizado ou a conclusão de um processo social. Assim como na vida de um modo geral, na escola o tempo é fundamental e tem uma força propulsora nas pessoas.

E, especificamente, na escola o tempo funciona de um modo peculiar, diferente de outras instituições. Isto é, na escola, "a concepção de um tempo único só pode acarretar uma leitura resumida da realidade ou estimular o ocultamento da verdade" (AMARO, 2014: 93).

Isso é tão significativo e verdadeiro que, se for perguntado a um estudante sobre como está dividido o tempo da escola, ele dirá: ela está organizada "em um tempo longo, de sala de aula e, outro curto, que é o recreio" (CAMINI, 2009: 94).

De fato, na escola existem códigos próprios para regular e controlar as passagens temporais. "Dentro das paredes da escola, o aluno se vê regulamentado por uma nova temporalidade, ignorada no ambiente familiar ou na rua" (PETITAT, apud CAMINI, 2009: 94).

Os ciclos ou as séries contam-se em anos, e as avaliações, em intervalos regulares de trimestres, bimestres ou semestres, conforme o caso. A hora-aula nem sempre é "contada" como "hora-relógio", assumindo, na maioria das vezes, duração distinta (no geral 1 hora/aula equivale a 50 minutos, e não 60, como a hora-relógio).

Complementarmente, na escola, o tempo tem sinais de referência para favorecer a compreensão das rotinas escolares. As aulas têm início e são demarcadas por sinais sonoros (o toque de início, o toque do intervalo do recreio e o toque da saída). Como se tudo isso não fosse singular (em relação a outras instituições sociais), há ainda a particularidade de que o tempo na escola passa muito rápido. Parece até que tudo é instantâneo, sejam as demandas, os acontecimentos, o surgimento de novos interesses e expectativas, e, principalmente, a necessidade de respostas cada vez mais rápidas.

Por tudo isso, pode-se afirmar que o tempo, no ofício do Serviço Social escolar, revela-se tanto uma ferramenta de compreensão da realidade como condiciona a ação profissional nesta realidade.

E isso pode ser um obstáculo para muitos profissionais acostumados a outros "ciclos de tempo", mais espaçados. Afinal, um profissional ao atuar na escola não poderá dizer que precisa de "mais tempo" para responder a uma questão. Ou que apresentará a sua proposta de trabalho "daqui a dois meses", quando finalizar seu processo de compreensão daquela realidade. Isso não funciona em uma escola. Simplesmente porque em dois meses as questões antes apresentadas já se desenvolveram, foram superadas ou se complexificaram, gerando outras, novas, impensadas ou inesperadas. Por isso, o tempo da escola precisa ser compreendido em seu fluxo, dinâmica e duração peculiares. Ou seja: urge reconhecer que "a escola requer respostas concretas e rápidas para os seus problemas e reconhecimento imediato de seus êxitos" (PADILHA, 2004: 293).

Em que pese o anseio imediatista de respostas, seja da parte dos educadores e gestores, seja dos pais, o profissional deve ter claro que a hipótese de destinar intervalos resumidos de tempo para as atividades raramente dá bons resultados. Refletimos sobre isso noutra obra:

> a diversidade dos fenômenos precisa de tempo para manifestar-se aos olhos do profissional. É preciso que se estude detalhadamente a dialética dos fenômenos. E isso implica tempo. Não tenha a pretensão, portanto, de realizar aquela "visitinha" rápida, de meia hora ou até

menos! Dificilmente, num tempo tão resumido, você terá chances de perceber algo mais que a cor do móvel em que está sentado. [...] A realidade não revela sua complexidade de imediato (AMARO, 2014: 93).

Diante disso, recomenda-se que reserve a cada atividade que irá realizar um tempo compatível com os processos que pretende desenvolver, desencadear ou promover. Seja uma reunião com pais ou uma conversa com alunos na sala de aula, ou uma atividade de orientação ou aconselhamento a um professor, em apoio ao serviço de supervisão ou orientação escolar, prever um intervalo de uma a duas horas para sua realização pode ser favorável. Mas se sua duração será inferior ou superior a isso, o próprio processo é que dirá. "Esteja pronto para deparar-se com situações que poderão ampliar ou estreitar o tempo que você definiu" (AMARO, 2014: 94). Nesse caso, deve-se ter em conta as condições institucionais e pensar na próxima estratégia, pois – seja por já ter assumido agenda com outro atendimento ou por ter de liberar a sala para outro profissional – o assistente social não poderá alongar interminavelmente o tempo de seu atendimento, mesmo que assim o deseje.

Isso coloca em evidência o que Gaston Bachelard (1994) chamou de "dialética da duração", ou seja, o ritmo temporal das coisas e dos processos. Bachelard (1994) convida a compreender que o tempo consiste numa "pluralidade de durações", nem sempre similares, em que momentos, instantes, continuísmos (permanências) e descontinuidades (rupturas) coexistem e se alternam.

O próprio processo educativo refere esse "movimento temporal", que inclui avanços e retrocessos, momentos mais intensos de aprendizagem e outros menos intensos, atividades de maior duração e outras de menor duração, com qualidades e respostas diferentes.

Assim, nem sempre os alunos serão agitados ou calmos. Nem sempre os mais frequentes serão os alunos com melhores rendimentos. E felizmente ocorrerão vezes em que os alunos com *deficit* de atenção ou alguma dificuldade de aprendizagem surpreenderão nas avaliações, apresentando rendimento superior ao esperado.

Em um mesmo intervalo de tempo (semana, mês, ano), haverá vínculos sociais que irão se manter e outros que serão rapidamente rompidos. Existirão, contudo, relações que atravessam anos – de maior duração – (entre profissionais e escola, professores e alunos, direção e comunidade escolar; entre alunos multirrepetentes e a escola...), e outras curtas – de menor duração – (materializadas em situações de alunos ou professores que são transferidos, p. ex.). Cada pessoa tem uma relação muito particular com o tempo das coisas, das atividades, dos desafios, das rotinas escolares. E esta pode ser agradável ou não.

Uma matéria difícil ministrada por um educador tradicional e autoritário faz cada minuto ser uma eternidade. A mesma aula, conduzida pela via do diálogo e de uma visão libertadora e criativo-criadora de educação, pode durar a manhã inteira, sem cansar os alunos. Estar um dia inteiro em uma escola que tem atividades sociais integradas às curriculares pode ser altamente construtivo e prazeroso, mas o sentido dessa "duração" muda se o aluno é submetido a ataques e a *bullying* no intervalo temporal em que está na escola.

Isso conecta a categoria tempo à categoria questão social na escola. Arregimentar esforços, iniciativas e condições que afastem os alunos de situações constantes e rotineiras de autoritarismo, desrespeito aos seus direitos e de "desprazer" deve estar na lente do profissional da escola de um modo geral, mas sobremaneira do assistente social. Ao mesmo tempo, implica ver e propor na escola momentos criativos, de revisão e de reinvenção de hábitos, culturas e práticas, superando aquelas que estão obsoletas, por não atenderem mais aos objetivos pedagógicos ou por deixarem de satisfazer o coletivo discente ou comunitário.

Ou seja: cabe ao profissional compreender e defender a ideia de que tempo não é determinismo, tempo é renovação e mudança, sempre. Há nele uma certa duração de permanência, mas esta, em algum momento, deve ceder lugar à mudança, a uma nova composição, à criação do novo. Esse é o "roteiro" do tempo e é com esse "script" que se faz história, pelo menos numa visão dialética.

Por isso, falar de tempo requisita falar de projeto, de perspectivas, de mudanças em vista. Esse reolhar para o tempo, quando devidamente vivido pelo profissional, abre uma série de possibilidades ao trabalho social na escola. Ensina a conectar o passado e o presente das experiências individuais e coletivas, tecendo perspectivas renovadas de futuro.

A ideia é "respeitarmos os ritmos culturais diferentes dos(as) alunos(as), compreendidos não como ritmos dados, mas como ritmos construídos culturalmente [...] criando espaços e tempos diferenciados" (PADILHA, 2004: 84) em consonância com a realidade concreta – por que as pessoas são diferentes – viabilizando assim um melhor aproveitamento escolar e a abertura a novas formas de pensar e compor aprendizagens.

Essa atenção beneficia diretamente alunos com deficiência ou com necessidades especiais de aprendizagem e indiretamente a todos na escola, sejam alunos ou professores. Afinal, aposta-se na ampliação e no aprimoramento dos canais de diálogo e relação entre escola, família e sociedade, repercutindo em uma visão mais real (e menos mistificada) da vida dos alunos e de suas expectativas e potencialidades, tornando as relações escolares mais construtivas e humanizadas e o currículo mais significativo.

5 Construir o plano de trabalho profissional na escola

Este desafio, em decorrência do anterior, reporta à reafirmação da especificidade profissional, o que em outras palavras diz respeito à elaboração de coordenadas de ação, isto é, de um esboço ou sistematização de um roteiro de prioridades e estratégias, disposto num cronograma, cuja finalidade não é outra senão um planejamento estratégico do trabalho profissional naquele lócus educacional.

Comumente, quando se insere em algum espaço profissional, o assistente social busca inventariar o que o colega que o antecedeu na instituição realizou, tentando compreender os processos desenvolvidos, conclusos ou inacabados, com a pretensão de trilhar, a partir destes, seu caminho na instituição. Dada a recente e ainda lenta institucionalização do Serviço Social em muitos espaços educacionais, isso dificilmente é possível. Afinal, na maior parte das vezes é você mesmo quem inaugura o espaço profissional do Serviço Social naquela instituição, unidade ou programa educacional. Ou seja: salvo exceções, não há referências profissionais anteriores. Essa realidade coloca a importância de seu protagonismo ativo e ação competente, pois você é a referência, você representa a identidade do assistente social (em retroação ou expansão) naquele lócus.

Dado esse contexto, o planejamento, no início, com um traçado mais genérico, vai se delineando e ganhando detalhamento, no compasso em que se aprofunda o conhecimento dos sujeitos (professores, estudantes, diretores, especialistas, técnico-administrativos, colaboradores externos, membros da comunidade, familiares dos estudantes, egressos etc.) e suas histórias sociais, bem como vai se compreendendo como o saber específico do Serviço Social pode vir a influenciar/apoiar/contribuir no modo como se organizam/relacionam/partilham/pactuam/exercem as regras de convivialidade na escola ou unidade de ensino.

A escuta sensível e crítica dos discursos falados e silenciados, do dito e do "interdito" pelos diferentes segmentos, em diferentes momentos, revela os condicionantes das experiências que foram exitosas e de outras que falharam; esclarecem sobre as lacunas, as dicotomias, os ruídos, as fragilidades, as expectativas, as necessidades, os interesses e as potencialidades daquele coletivo (e, neste, dos indivíduos que o compõem).

Em razão disso, a construção do plano de trabalho profissional – e, em seu detalhamento, de programas, projetos e ações – é ação processual, mediata e permanente. Em nosso entendimento, essa ação se qualifica e ganha legitimidade quando não se esgota em um ato ou constructo isolado, de um sujeito individual; isto é, o plano é mais legítimo e forte quando é consagrado como obra coletiva, de um sujeito coletivo, em que a ampla comunidade escolar e profissionais do Serviço Social são protagonistas.

Nesse sentido, recomenda-se o diálogo, o encontro e aproximações teóricas, técnico-metodológicas, intra e interinstitucionais entre sujeitos que atuam na educação, com ênfase na interlocução entre assistentes sociais. Soma-se a essas iniciativas a contratação de consultorias técnicas de assistentes sociais mais experientes nessa atuação, em apoio à gestão, organização e redimensionamento de programas, reuniões sistemáticas de estudo ou grupos de trabalho intra e interinstitucionais, afinando objetivos, ações, estratégias e redes referenciais.

Em nível micro, recomenda-se que o desenho de detalhamento dos programas e ações constantes do plano do Serviço Social na educação preconize o trabalho com grupos, bem como em processos formativos, em atenção às demandas que elege para atuar. Nesse sentido, sugere-se realizar (cf. AMARO, 2012):

• atividades de formação continuada e capacitação de professores, na forma de jornadas pedagógicas, oficinas de saúde mental (prevenção do *burnout*);

• atividades de educação e saúde no âmbito educacional, com foco na prevenção de drogas, DSTs/HIV/Aids e abuso contra crianças e adolescentes e na forma de campanhas educativas, feiras de saúde e/ou gincanas de saúde comunitária;

• assessoria e consultoria a equipes diretivas das escolas e secretários de educação municipal ou estadual, na perspectiva de planificar uma gestão e projeto político-pedagógico pautados na democracia, no fortalecimento e defesa dos direitos humanos e infantojuvenis na escola;

• assessoria ao SOE (orientação escolar) e SSE (supervisão escolar) das escolas com vistas a articular educação, interdisciplinaridade e olhar complexo na atenção conferida ao aluno em suas necessidades afetivas, sociais e educacionais;

• atividades inerentes à assistência estudantil, ou trabalho social com educandos, por meio de abordagens de apoio, orientação, aconselhamento ou encaminhamentos à rede de serviços sociais, culturais, educacionais ou de lazer, bem como a recursos relacionados a direitos básicos, com vistas à promoção de sua cidadania, tendo a inclusão educacional[3] como ponto de partida e a inclusão social[4] como ponto de chegada.

• atividades de apoio e acompanhamento de famílias de alunos também por meio de entrevistas, reuniões, visitas domiciliares, grupos de convivência, oficinas ou ciclos de palestras e outras estratégias que oportunizem conhecer a realidade familiar, diagnosticar necessidades e situações de risco (bem com faltas injustificadas dos alunos), além de propiciar a pais ou adultos cuidadores a discussão sobre crises geracionais e "problemas" de autoridade e comunicação com os filhos, além de orientar/aconselhar na compreensão de dramas familiares comuns e os diferentes caminhos de enfrentá-los, entre outros.

Certamente, essa construção (do espaço profissional e dos processos de trabalho no âmbito escolar) não é linear, nem deve ocorrer de modo imediatista. Faz-se aqui referência a um

---

3. Por inclusão educacional, nesse contexto, referimo-nos tanto a um conjunto de fatores e situações, tais como: acessibilidade, ingresso, frequência como permanência e conclusão da série em curso.

4. Por inclusão social entendemos todo o processo social que promova, amplie, fortaleça e qualifique a cidadania do sujeito nas diferentes relações que estabelece com seu meio, sejam familiares, comunitárias, laborais, ocupacionais, no sentido de seu desenvolvimento humano-social. No contexto em discussão, a educação, enquanto política pública inclusivista deve ser sempre pensada e realizada como um processo educativo-social, formador de sujeitos e fator propulsor da cidadania no seu sentido mais amplo.

processo contínuo de (auto) crítica, avaliação e recriação construtiva dos processos de trabalho profissionais no ambiente educacional, em atenção à análise institucional, às demandas, às prioridades, às expectativas e aos interesses daquele coletivo/comunidade escolar ou educacional.

Para ficar mais claro: a avaliação faz parte do processo de trabalho profissional e tem relevância na qualificação, revitalização e correção do mesmo, quando se reconhece em tempo as fragilidades, equívocos (nos diagnósticos ou mesmo na escolha de métodos ou estratégias) e inconsistências/incompetências técnicas.

Precisamos estar plenamente atentos ao que se passa, do processo ao resultado, no universo de nossas ações no cotidiano educacional. Isso se organiza por meio de indicadores de processo e de resultado, que devem ser monitorados e revistos, sistematicamente, durante a realização das ações.

Evidentemente, a avaliação que essa mediação supõe faz parte de uma cultura de trabalho, que dialoga com a dialética, a práxis e a crítica em seu *habitus*.

III
O SERVIÇO SOCIAL E A QUESTÃO SOCIAL NA ESCOLA

1 Em tempo: repensar a questão social é preciso

Apesar da centralidade da questão social na profissão, nem sempre isso assegura sua apropriação crítica pelo profissional. Mas o que é a questão social, afinal? Responder a essa indagação engaja-nos na difícil tarefa de desligar velhos fios de análise e compor novas ligações, restaurando o tecido de conhecimento sobre a matéria. Como ponto de partida, a tarefa exige que revisitemos algumas conceituações, muitas delas obsoletas (mas nem por isso plenamente superadas na atualidade).

Nas pegadas do conceito tradicional de exclusão e de pobreza, errônea e mecanicamente reduziu-se a questão social a uma coletânea de problemas sociais. Passou a ser costumeiro associar a questão social a uma "questão de pobres" e, mais que isso, a tratá-la como sinônimo de "problema social" ou "situação social problema", resumindo-a a um quadro situacional de dificuldades, perdas e *deficits*, que teria no sujeito individual o único responsável. Essa visão, de matriz funcionalista e conservadora, atribuía à pobreza, ao desemprego e ao adoecimento a uma falha, fracasso ou incapacidade do indivíduo.

Nesse sentido, miniaturizada na condição de "problema", a questão social foi, por décadas, afastada de sua verdade, cujas raízes encontram-se na contradição e perversidade do sistema capitalista.

A inconsistência e acriticidade desses conceitos, ao longo das últimas quatro décadas, foi sendo questionada e superada, em meio a uma profunda revisão intelectual. Esse processo repercutiu na criação de novas referências, assentadas no pensamento crítico e no marxismo, demarcando em definitivo o rompimento com a via simplificada e redutora original.

A noção de carência, particularmente, ganha uma visão crítica, politizada, a partir do pensamento crítico de Agnes Heller, marxista da Escola de Budapeste, no conceito que chamou de "carecimentos radicais":

> Os carecimentos radicais se formam nas sociedades fundadas em relações de subordinação e domínio, mas que não podem ser satisfeitos no interior das mesmas. São necessidades ou carecimentos cuja satisfação só é possível com a superação dessa sociedade e forma de relação (HELLER, 1983: 143).

Nesse sentido, exemplos de carecimentos radicais são:

> a) o carecimento de que os homens sejam postos em condição de decidir, no curso de uma discussão racional, sobre o desenvolvimento da sociedade, sobre o seu conteúdo, direção e valores; b) a eliminação da guerra e dos armamentos; c) a igualdade de todos os homens nas relações pessoais e a eliminação do domínio social; d) demolir a fome e a miséria; e) atuar contra a catástrofe ecológica; e f) diminuir a defasagem entre a alta cultura e a cultura de massa (HELLER, 1983: 144).

Evidentemente, o pensamento de Heller (1983) sobre carecimentos radicais representa também sua ruptura com o conceito tradicional de pobreza. Assim, em Heller, "pobre" é o sujeito com limitações imateriais, ou seja, que acima de tudo, sejam condicionantes econômicos ou sociais, é alijado de sua "inteireza" como homem[5].

---

5. A inteireza do "ser" humano em Heller reside no processo de autodescoberta do homem acerca do poder que guarda em si próprio, o qual, em seu movimento, invoca a geração de uma sociedade mais justa, mais democrática e mais humana. Heller (1983) denomina esse sujeito "homem inteiro", o qual, enquanto "ser" de razão e emoção, atua na perspectiva do

No dizer de Martins,

> Quando a exclusão é concebida como um estado fixo, fatal e incorrigível e não como expressão de contradição do desenvolvimento da sociedade capitalista, a exclusão cai sobre o destino dos pobres como uma condenação irremediável (MARTINS, 1997: 14-16, passim).

Para o autor, o problema da exclusão não reside apenas nas situações concretas de privação ou de destituição, mas no que ela instaura: quando ela impede que se lute pela mudança dessa realidade ou quando corrompe a compreensão da realidade e "encobre as formas "pobres, insuficientes e, às vezes, até indecentes de *inclusão*" (MARTINS, 1997: 21).

Esse debate convida à releitura da questão social, e encaminha-nos a apreendê-la em sua totalidade e dialética, rompendo com as generalizações, naturalizações e estereótipos herdados da visão tradicional.

Em outros termos, assume-se o compromisso com um novo e ampliado olhar, forjado pelo pensamento crítico, de matriz marxista, no qual compreender, analisar e desvendar a questão social requer situá-la no contexto sócio-histórico das mudanças, relações e contradições, que estão sendo organizadas nos cenários comunitário, social, político, econômico, governamental, institucional, educacional, cultural, filosófico, teológico, científico e tecnológico, entre outros.

Nessa perspectiva, destaca-se o grande contributo teórico do sociólogo francês Robert Castel sobre a questão social

---

bem e que tenta se aperfeiçoar na relação consigo próprio, com o outro e com sua comunidade. É, também, um homem autônomo e livre, nas escolhas e ações que constrói, como "equilibrista" na linha das contradições e conflitivas tecidas pelo mundo moderno. Rico (dotado da riqueza do gênero humano), desenvolve e usa amplamente suas faculdades (materiais, racionais, psíquicas e emocionais...) para construir enfrentamentos criativos e efetivos a seus carecimentos radicais. É um homem que vive e se joga à experiência criativa/criadora e ao prazer. Por tudo isso, o homem inteiro em Heller é um homem feliz (HELLER, 1983: 170-180, passim).

que, incomodado com a visão cristalizada da questão social, dedicou-se à releitura sócio-histórica dos processos ideopolíticos e socioinstitucionais que a referem, recuperando, assim, o saber sobre suas contradições, dialética e capacidade de transformar-se.

Ao assumir sobre esse desafio, diz Castel: "Parece-me legítimo interrogar o material histórico com questões que os historiadores não lhe apresentaram necessariamente, e reorganizá-lo a partir de outras categorias, no caso categorias sociológicas. Não se trata de reescrever nem de rever a história, mas de a reler, isto é, produzir, com dados pelos quais se é inteiramente devedor aos historiadores, um *outro texto*[6] que, ao mesmo tempo, tenha sua própria coerência a partir de um esquema de leitura sociológica" (CASTEL, 1998: 29).

Castel (1997b) adverte sobre a necessidade de compreender os processos que geram os estados de exclusão, destituição e desfiliação e avança na compreensão da lógica que os produzem.

O autor chama a atenção para a transitoriedade, a incerteza e a inconstância dos processos de integração social, emprego e cidadania (menos duráveis e estáveis do que parecem) e alerta para a iminência dos processos de desfiliação, desemprego, subemprego e exclusão (cada vez mais correntes e previsíveis), que podem acontecer a qualquer momento, atingindo pessoas de todas as classes e grupos sociais (não apenas os pobres); dado que todos estão expostos às crises, desequilíbrios e contradições próprias do sistema capitalista.

Essas novas leituras têm favorecido a ampliação do conceito da questão social e o conhecimento de novos (ou até então invisíveis) aspectos que a integram. E a cultura é um desses aspectos. Ou seja: passa-se a reconhecer que a vida social é, dialeticamente, matrizada e condicionada pela cultura política. Mais

---

6. Grifo do autor.

que isso: não é possível pensar a correlação entre o social e a política, sem a penetração da cultura, como aspecto e como fenômeno. Marilena Chauí (1972) e Demo (1988) não economizam argumentos para lembrar que é a cultura que faz a democracia e não o contrário: a cultura funciona como motor que estrutura e dinamiza a participação e a atividade política dos sujeitos.

Nessa direção, as orientações do Professor Octavio Ianni (1994) servem como bússola, sobretudo quando sugerem que abandonemos a associação exclusiva da questão social à desigualdade social e a fenômenos dessa ordem. Segundo o professor, há que se observar a questão social noutras conjunções para além do signo da exclusão social. Nesse sentido, assinala: desemprego, subemprego e miserabilidade são dimensões importantes da questão social, mas não a esgotam : "as reivindicações, greves e protestos também expressam algo desse contexto" (IANNI, 1994: 92).

Assim, em que pese o fato de a questão social correntemente expressar-se em fenômenos associados a "desigualdades econômicas, políticas e culturais, mediatizadas por relações de gênero, características étnico-raciais e formações regionais [...] [nessa mesma conjuntura também se inscrevem], os sujeitos numa luta aberta e surda por cidadania; em um processo denso de conformismos e rebeldias" (IAMAMOTO, 2002: 26).

Ou seja: importa compreender que a *questão social* não é só miniatura, desumanismo e assujeitamento, ela também é potência, humanismo e resistência, "não está fora da história, mas no centro do acontecer histórico" (HELLER, 1992: 20).

Nessa perspectiva os manifestos da questão social, dialeticamente, no mesmo cenário em que habitam conflitivas, dificuldades e sofrimentos, abrem janelas que potenciam nos sujeitos o conhecimento de suas capacidades e poderes, a efervescência de suas esperanças e utopias, a construção de enfrentamentos possíveis através do "drible" criativo de problemas considerados insolúveis, enfim, instigam-lhe, como homem inteiro, à descoberta de alternativas e caminhos potenciadores, a não desistir de seus sonhos de liberdade, igualdade e justiça social.

Assim, novos grupos e práticas sociais são formados, retecendo um complexo processo histórico-social em que a luta por cidadania interage com a renovação cultural e ética da própria sociedade, tendo por contexto o reordenamento das instituições e direitos sociais, e os processos de explosão e implosão do capitalismo, orquestrados pelas forças sociais em luta.

A consciência e acuidade do profissional visitador devem ser capazes de captar e compreender a totalidade desses processos e suas nebulosas, apreendendo a questão social não apenas em suas múltiplas manifestações, mas também em suas reciprocidades, contradições, tensões e em suas múltiplas transformações.

E isso só é possível quando se aproxima da realidade e dos "sujeitos que a vivenciam, desvelando as condições de vida dos indivíduos, grupos e coletividades [...], decifrando as diversas formas de luta, orgânicas ou não, que estão sendo gestadas e alimentadas pela população" (IAMAMOTO, 1999: 76).

2 Desvendar a questão social na escola

> [...] aprender a questão social é também captar as múltiplas formas de pressão social, de invenção e de reinvenção da vida construídas no cotidiano, pois é no presente que estão sendo recriadas formas novas de viver, que apontam um futuro que está sendo germinado (IAMAMOTO, 1999: 28).

Não há dúvidas de que a questão social é regida pelas relações sociais, dispostas em um jogo de correlação de forças, em que sujeitos, individuais e coletivos, são os principais agentes. A questão social se manifesta e revela, ora mostrando, ora mascarando, problemas éticos, morais e legais que atentam contra princípios básicos da humanidade, como o tratamento igualitário, o respeito à sua diversidade e o direito à justiça social.

As escolas têm sido diretamente impactadas pela questão social, caudatárias da cronificação social e dos históricos erros institucionais e governamentais resultantes de políticas públicas equivocadas ou ineficientes, trazendo para o meio escolar a ressonância de cenas e situações cuja expressão nas comunidades e na sociedade já são conhecidas. E assim sofrimentos, dramas, dores, injustiças e violências das mais diversas formas adentram na escola e se tramam às histórias de vida, vivências, necessidades e sonhos de indivíduos e famílias, educadores e comunidade escolar como um todo.

Na escola ninguém está só, mas a solidão é uma realidade. O fato de ser um espaço social, de ser uma célula promotora de inclusão e formação para a cidadania, não torna a escola imune a injustiça social, a discriminação e a violência, gerando situações que alijam, dividem e segregam, gerando solidão e exclusão na escola.

Crianças vitimizadas, alunos com envolvimento com drogas ou atividades infracionais, institucionalizados ou não, somam-se a outros que trabalham no turno oposto da escola, e colaboram na renda familiar, e aos que vivem na pobreza ou sob a ameaça da violência das comunidades que as cercam.

Essas multiformas de exclusão vão se enraizando nas vidas e nas relações sociais, plasmando-se às relações na escola, gerando atritos, confrontos e desafios cada vez mais difíceis de se contornar. Os educadores tentam, mas muitas de suas iniciativas não logram êxito por conta do despreparo para atuar em situações que fogem à sua competência e especificidade profissional. Alguns adoecem nesse processo, por *burnout*, tornando-se indiferentes, como forma de sobreviver no meio escolar à sombra de constantes injustiças, violências e exclusões. Em certas escolas, redes ou comissões formadas por pais e estudantes somam-se aos educadores para responder a questões que invadem a escola e que são de natureza essencialmente social, como a ação das gangues, a exploração sexual e o tráfico de drogas nas escolas, a prevenção da gravidez indesejada em idades cada vez mais precoces, o uso indevido de drogas por adolescentes e crianças.

Conhecer essa realidade sem estereotipá-la, nem romantizá-la, é necessário. Não se trata apenas de conhecer dados oficiais da escola (como número de alunos, oferta de ensino, o regulamento escolar e o corpo de professores existente). Para conhecer a escola precisamos aprofundar no conhecimento da comunidade em que se vai atuar.

Atenção, portanto, para "capturar a realidade dentro de seu quadro social e cultural específico" (AMARO, 2014b: 51) e compreender cada sujeito em sua totalidade. Afinal, como nos alerta Paulo Freire: "[...] o homem não pode ser compreendido fora de suas relações com o mundo, de vez que é um 'ser-em-situação' [...] é também um ser da práxis, da ação e da reflexão. Nessas relações, transforma a realidade e condiciona sua [própria] forma de atuar [no mundo]" (FREIRE, 2001: 28).

Nessa perspectiva, deve-se compreender que a escola é o reflexo de sua comunidade, situada territorialmente em uma comunidade, orquestrada culturalmente por cenários, situações e acontecimentos que se representam e reproduzem na comunidade em que se insere.

Assim, desvendar a questão social na escola passa imperiosamente pelo conhecimento da realidade comunitária em sua totalidade. Isso supõe conhecer os espaços comunitários de trabalho, compreendendo a dinâmica da geração de renda no bairro e na comunidade; identificar os pontos de lazer e que representações de diversão e lazer e as faixas etárias contempladas e negligenciadas; conhecer as lideranças sociais (não só as oficiais, mas as efetivas) existentes, para com elas dialogar e conjugar esforços, enfim, supõe um banho de realidade comunitária.

Nessa direção, operacionalmente, são estratégias: 1) as conversas informais (não estruturadas ou semiestruturadas); 2) as reuniões com diferentes segmentos da escola e da comunidade escolar; 3) a participação ativa em diferentes atividades da escola (mesmo que *a priori* sejam distantes ou distintas do que se supõe como uma agenda do Serviço Social na educação); 4) a observação participante enquanto escuta sensível das dificuldades, interesses, expectativas e prioridades dos sujeitos que convivem, estudam e atuam na unidade ou programa educacional em que se trabalha.

Nunca é demais reforçar que, antes de tudo, a disposição para conhecer a totalidade da vida dos sujeitos que convivem no ambiente escolar deve vir acompanhada de uma atitude de não julgamento, ética social e efetivo interesse em apoiar o desenvolvimento de cada sujeito e, por conseguinte, da comunidade escolar. Nessa perspectiva, atua-se "na superação dialética dos condicionamentos impostos pelo Estado capitalista [...], tendo sempre os direitos humanos e sociais e a superação das injustiças sociais como alicerce e projeto ético-político" (SERRA, 2000: 175).

Diante da histórica naturalização da crise social e dos processos de exclusão, é comum que se vulgarize ou desqualifique os esforços profissionais movidos ante a questão social na escola, sendo muito comum a falta de apoio em ações dirigidas a segmentos estereotipados como infratores, usuários de drogas, famílias de apenados, estudantes multirrepetentes ou com histórico de infrequência escolar etc.

O profissional deve lutar contra a desistência e o desânimo que lhe espreitam. Afinal, sabe-se que tal fatalismo e imobilismo se nutrem de um conceito falido de sociedade e de socialidade, de matriz segregacionista e imperialista, que precisamos superar, dado que se assentam em "uma inegável descrença no homem simples, na subestimação de seu poder de refletir e mudar sua realidade" (FREIRE, 2001: 46).

O pano de fundo desse tensionamento é, no entanto, ideológico. O Serviço Social, de tradição crítica, fortemente influenciada pelo pensamento marxista, carrega em sua cultura a herança da utopia revolucionária, vinculando seu projeto profissional aos propósitos da emancipação, transformação e mudança humano-sociais.

Nessa direção, a questão aqui colocada refere-se à compreensão de que a revolução é processo gerado microscópica e cumulativamente em cada ato individual ou coletivo de recusa, denúncia e resistência. Ou seja, sair do individualismo, romper com o sectarismo, com a segregação, as discriminações e violências sociais impostas aos indivíduos é um ato essencialmente revolucionário e que impacta politicamente na vida e no percurso social dos sujeitos, sejam eles estudantes, ou seus pais ou mesmo vizinhos destes. A inclusão é contagiante. E assim como ela, também o são os processos emancipatórios e de revitalização da cidadania que mobilizamos ou promovemos na escola. A "revolução nossa de cada dia" deve ser a janela do cotidiano escolar.

3 Manifestações da questão social no cenário educacional

3.1 O desafio da frequência escolar

> Sabe-se que, no Brasil, a questão do acesso à escola não é mais um problema, já que quase a totalidade das crianças ingressa no sistema educacional. Entretanto, as taxas de repetência dos estudantes são bastante elevadas, assim como a proporção de adolescentes que abandonam a escola antes mesmo de concluir a educação básica (MEC, 2008).

O Ministério da Educação, sobretudo nos últimos cinco anos, não tem poupado esforços para enfrentar essa realidade, através de programas como o Bolsa-Escola, mais recentemente redimensionado no Programa Bolsa Família, o PDE – Plano de

Desenvolvimento da Educação (MEC, 2007a) e o Compromisso Todos pela Educação (MEC, 2007b). Mas há que fazer mais, principalmente porque esses programas acabam não representando uma mudança imediata no campo das relações sociais e culturais, as quais, em última análise, efetivamente respondem pela manutenção de situações de infrequência escolar, que cedo ou tarde trarão ônus ao aprendizado e à vida social do aluno.

As taxas de reprovação e abandono assombram. Em certas estados, como é o caso do Rio Grande do Sul, há centenas de escolas com 20% e até 30% de alunos em situações de abandono escolar, na maioria, nas séries finais do Ensino Fundamental e no Ensino Médio. Os casos mais correntes de reprovação, por sua vez, se situam nos anos iniciais do Ensino Fundamental, com índices semelhantes aos anteriores.

Não é por acaso, que tanto a permanência na escola como os processos de inclusão e adaptação escolar estão entre as questões contemporâneas que mais desafiam governantes, educadores e especialistas.

Tanto governos, como especialistas em educação, convergem no entendimento de que os fenômenos evasão ou abandono escolar e reprovação encontram-se diretamente imbricados. Contudo, admite-se que os estudos e análises sobre qualidade educacional raramente combinam as informações produzidas por esses dois indicadores, ainda que a complementaridade entre elas seja evidente (ou seja): um sistema educacional que reprova sistematicamente seus estudantes, fazendo com que grande parte deles abandone a escola antes de completar a educação básica.

Além disso, sabe-se que o encontro de ambos indicadores não está associado exclusivamente à aprendizagem, mas a uma série de obstáculos sociais e culturais relacionados a fatores como: a entrada tardia na escola, ao abandono temporário ou definitivo da escola, à disparidade idade-série, ao histórico de repetências sucessivas, bem como a um somatório de experiências excludentes, em especial, associadas à pobreza, à precarização das relações familiares e parentais, ao trabalho infantil, à violência doméstica, à vitimização ou mesmo à prática de atos infracionais.

Pode-se deduzir daí que o abandono escolar e o atraso escolar que dele deriva têm sido historicamente uma questão não apenas educacional, mas social.

Nessa perspectiva, deve-se dar especial atenção aos primeiros sinais de faltas na escola e, principalmente, quando estas tornam-se rotina ou forem sequenciadas. Às vezes pode não ser nada importante. Pode ser que a família prefira preservar mais a saúde do filho, evitando levá-lo à aula em dias de chuva intensa ou tempestades. Ou porque a família está passando por um problema de saúde (alguém doente) e a escola desconhece essa situação. Mas, às vezes, o problema é algo que aconteceu na escola, uma briga, uma ameaça, uma situação de violência ou *bullying* – e temendo novas exposições e dores, o aluno passa a desejar não mais ir à escola.

Seja o que for, ante a incerteza de tantas variantes, é papel da escola investigar. Mais que isso: exige-se da escola um olhar atento para cada caso, sem incorrer em precipitações.

Nesse contexto, a atuação do assistente social é marcante. Parte-se à construção desse esclarecimento (a partir da realização de contatos com a família e suas redes de relações para compor o *estudo social*[7] da situação) e à identificação de formas de agir diante de cada caso, orientando os agentes da escola (professores, gestores) e, quando necessário, a família.

---

7. O *estudo social* é um instrumental próprio do Serviço Social e corresponde à construção de conhecimento, compreensão ou explicação de uma determinada realidade, situação ou necessidade de um indivíduo ou grupo – geralmente em atenção a uma demanda institucional. Apresenta-se na forma de um relatório (ou parecer social) minucioso e aprofundado, composto de informações descritivas e analíticas, seguidas de recomendações ou sugestão de encaminhamentos acerca de uma situação.

Quando o assistente social atua na escola, ele percebe e analisa a correlação entre todos esses fatores e fenômenos que incidem, seja na infrequência ocasional, seja no abandono escolar. Age em defesa do acesso à educação básica como direito social de toda criança e adolescente, em idade escolar.

Não se trata apenas do objetivo de assegurar a permanência do estudante na escola – que em si já é um objetivo importante em atenção aos direitos de cidadania de crianças e adolescentes – mas assegurar que a criança não esteja fora da escola, sem o conhecimento dos pais, ou pior, que sob a ciência destes esteja exposta a riscos diversos – sendo a falta na escola um indicador de que há algo errado na vida daquela criança ou adolescente ou na vida daquela família.

Por isso, quando o aluno falta, deve-se estar atento ao que ocorre no seu universo social e familiar. Que amizades adquiriu e de quais se afastou; que atitudes novas tem adotado, como está seu humor, anda mais cansado, mais animado, assustado ou com estilo de "valentão"?

Muitas vezes, é na escola que, mediante a acuidade de um professor, orientador ou mesmo de uma mãe de um colega de turma, se descobre que as saídas mais cedo ou as faltas são desconhecidas da família e que o motivo atende a interesses de estranhos, colocando em risco a vida e saúde do estudante faltoso.

É papel expresso do assistente social, alicerçado na base legal de proteção da infância e adolescência, bem como tendo em vista os recursos e serviços de apoio disponíveis na comunidade, conhecer essa realidade e mobilizar esforços sociais, institucionais (na escola) e interinstitucionais (em instituições e serviços disponíveis) para proteger as crianças e adolescentes e, entre outras garantias de direitos, promover o seu retorno à vida escolar.

Não é incomum, no entanto, que por vezes a falta às aulas não decorra de problema grave que coloque em risco a vida ou segurança dos alunos, mas ocorra por simples desinteresse do aluno, associado à falta de motivação de estar na escola. De fato, aulas ministradas por professores tradicionais, pouco dialógicas e bancárias, não raro regidas por intolerâncias, autoritarismos e atividades desconectadas da realidade dos alunos, acabam afastando os alunos da escola, sendo esse problema uma realidade em todas as idades e níveis educacionais.

Diante desse quadro, pode o assistente social (no contexto de sua contribuição nas atividades de formação dos professores, nas reuniões pedagógicas e na sua orientação à gestão) mobilizar gestores e educadores a redirecionar suas práticas, criar metodologias, expedições, atividades de investigação, de lazer, de valorização de potencialidades e talentos é fundamental para restaurar o laço do aluno com a escola.

Sugere-se nessa direção propor ou promover:

• Processos de ressignificação da frequência escolar com ênfase no fortalecimento dos vínculos sociais e afetivos do aluno com a escola (e vice-versa).

• Processos de valorização da frequência escolar – com ênfase no estabelecimento de nexo simbólico entre frequência (e seus pares "permanência" e "pontualidade") e valor distintivo ou prestígio social – a este processo se associa também a conexão simbólica entre a melhora no aproveitamento escolar (referente aos indicadores "avaliação" e "aprendizagem") e a atribuição de valorização ou prestígio social/escolar.

• Processos de revitalização da autoestima e de fortalecimento do poder pessoal que repercute positivamente valorização do aluno por si mesmo e pelo seu grupo.

• Promover e instigar a criação de processos de formação pedagógica dirigidos a todos os professores da escola, com vistas a apresentá-los a novas metodologias, técnicas e olhares relativos ao trabalho pedagógico, à resolução de conflitos na sala de aula, tendo por base uma escola emancipadora, ética e democrática para todos.

Esse conjunto de processos, atuam no que denominamos empoderamento[8]. O foco desse processo centra-se na promoção da autovalorização, autoestima e realização escolar dos alunos, ativando não só a recriação de socialidades, mas também a revelação de talentos, habilidades e competências (com toda a carga positiva que esta representa). Assim, a criação de uma rádio escolar, de um *show* de dança, de uma banda de *rock*, de um torneio desportivo, de uma mostra cultural ou de um sarau de poesias podem servir à revelação de identidades e potencialidades escondidas, por medos, inseguranças e exclusões diversas, e representar a ressignificação ou renovação de amizades, relações, capacidades e valores, criando aberturas a novos espaços e à edificação de novos sujeitos. Nestas, tanto alunos como pais, professores e funcionários (enquanto membros da comunidade escolar) podem ser protagonistas.

Tivemos a oportunidade de realizar experiências com essa orientação e podemos afirmar que essas "boas práticas" repercutiram na promoção de relações escolares marcadas pela horizontalidade, respeito e solidariedade, e com isso fortaleceram a escola, como ambiente social, formativo e como um lugar em que "se quer sempre estar"; acarretando uma importante melhora na frequência e rendimento escolar.

A presença de estimulação positiva, de elementos culturais e situacionais que destaquem ou prestigiem as potencialidades em lugar das limitações e *deficits*, representa uma mudança importante no horizonte dos alunos que biografam trajetórias educacionais acidentadas, marcadas por evasões e repetências cumulativas e, consequentemente, atrasos no processo educacional e outras exclusões.

---

8. O empoderamento está na base de todo processo de resgate de direitos, de respeito ou de luta por cidadania. Diz respeito ao valor, ao poder pessoal de cada um, representado como sujeito nas relações sociais. No item 5 da Parte IV deste livro, detalhamos essa perspectiva para sua melhor compreensão.

3.2 O fenômeno da precarização social

O acirramento da crise social, o aumento vertiginoso do desemprego e suas implicações no empobrecimento da população são inegáveis no mundo global, mesmo em países desenvolvidos, como no passado aconteceu com a Argentina e, recentemente, com Portugal.

A reestruturação produtiva conduz à marginalização da população economicamente ativa, condenando-a ao subemprego, ao desemprego ou à alternância entre o desemprego e a ocupação de empregos precários (CASTEL, 1997, passim). Além disso, a crise capital criou uma "mobilidade feita de alternâncias de atividade e de inatividade, de virações provisórias marcadas pela incerteza do amanhã" (CASTEL, 1998: 528).

A precarização do mercado de trabalho e o empobrecimento contribuem para a precarização da qualidade de vida, incidem na degradação de suas relações sociais e parentais e, por conta disso, geram importantes desvantagens sociais.

Nesse sentido, a pobreza pode ser considerada "em si" uma situação que expõe as populações a situações de vulnerabilidade e risco. Afinal, viver em habitações precárias, submetido a condições alimentares insuficientes e a problemas econômicos, acaba gerando situações ou problemas maiores, como violência doméstica, exploração do trabalho infantil, abusos, uso indevido de drogas, entre outros.

Como não se trata de um problema residual, momentâneo ou individual, mas sim crônico, estrutural e coletivo, o retrato social dessa realidade revela não algumas poucas populações colocadas na marginalidade, mas uma coletividade, constituída de indivíduos e famílias, numericamente expressiva. A maioria é caudatária de programas assistenciais ou aguarda na "fila" o acesso a benefícios sociais para enfrentar sua recente desfiliação social.

Em suas trajetórias sociais, essas populações se identificam no atraso educacional, na fome, na miséria, na violência social e intrafamiliar, no desemprego e no subemprego, na favelização, na vida de sem-teto, na drogadição, exploração e/ou mendicância. Esse contexto aproxima a vulnerabilidade social de situações de risco. As drogas, o narcotráfico, a exploração do trabalho infantil, o turismo sexual, o uso de armas e a exposição a essas atividades têm sido a causa de morte de cada vez mais crianças, adolescentes e jovens, sobretudo os mais pobres.

Mas, quando se aprofunda no conhecimento da teia social, pode-se perceber que as populações vulneráveis da contemporaneidade não se identificam apenas nessa representação cronificada do social, nem tampouco decorrem exclusivamente da espoliação econômica ou da desfiliação salarial. Ou seja: existem outros indicadores tão ou mais condicionantes, que reproduzem a cronificação da vulnerabilidade, do risco e da marginalidade. Faz-se referência aqui à prevalência de mulheres, populações rurais, minorias étnicas e populações de refugiados, entre os segmentos que são persistentemente relegados às camadas menos favorecidas e que são os primeiros a serem "eleitos" à desfiliação, nos "cortes" e reduções praticados pelos governos e sociedade em nome da reestruturação produtiva.

Os dados sociais não deixam dúvidas. O IBGE (2010) na sua pesquisa censitária confirmou essa realidade observando o cruzamento de dados, famílias pobres e com filhos por etnia e gênero e verificou que famílias com pessoa de referência de cor preta ou parda, seja homem ou mulher, compõem, em maior proporção, casais com filhos menores de 14 anos (o que dificulta mais o provimento familiar e compromete mais a renda familiar, que já é parca) além da etnia preta ou parda compor um tipo de família considerada mais vulnerável – mulher sem cônjuge com filhos pequenos – é também composto, em maior proporção, sendo comparativamente por pessoa de referência de cor preta, 23,3%, e parda, 25,9%, enquanto a proporção para brancas é de 17,7%.

A desigualdade entre brancos, pretos e pardos se exprime também na observação do "empoderamento", relacionado ao número de pessoas em posições privilegiadas na ocupação. Na categoria de empregadores estão 6,1% dos brancos, 1,7% dos pretos e 2,8% dos pardos em 2009. Ao mesmo tempo, pretos e pardos são, em maior proporção, empregados sem carteira e representam a maioria dos empregados domésticos, portando os que desempenham atividades ocupacionais de menor qualificação e renda.

No que se refere à questão da mulher, o Censo brasileiro de 2009 (IBGE, 2010) verificou que a proporção de rendimento médio das mulheres em relação ao rendimento dos homens, por grupos de anos de estudo, mostra que, em 2009, as mulheres com 12 anos ou mais de estudo recebiam, em média, 58% do rendimento dos homens com esse mesmo nível de escolaridade. Nas outras faixas de escolaridade, a razão é um pouco mais alta (61%). Uma possível explicação para isso é que, para o grupo com escolaridade mais elevada, a formação profissional das mulheres ainda se insere nos tradicionais nichos femininos, como as atividades relacionadas ao Serviço Social, à saúde e à educação, que ainda são pouco valorizados no mercado de trabalho. Além disso, percebe-se que, de 1999 a 2009, as disparidades pouco se reduziram.

Dizer que a pobreza que alcança esses segmentos "mais vulneráveis e mais expostos ao risco social" é a mesma pobreza estrutural derivada da corrosão social própria do capitalismo não é suficiente para contemplar sua realidade de exclusão que é histórica e que, no compasso dos anos, não cessa.

Essa desigualdade social manifesta-se também no sistema educacional, caracterizada nos baixos índices educacionais, nos altos percentuais de analfabetos e no trajeto acidentado de grande parte dos estudantes brasileiros que, por razões diversas, não conseguem concluir a série cursada.

Segundo dados do IBGE (2010) referentes ao ano de 2009, a taxa de analfabetismo no Brasil diminuiu na última década, passando de 13,3%, em 1999, para 9,7%, em 2009, para o total da população, o que representa ainda um contingente de 14,1 milhões de analfabetos, persistindo as diferenças étnicas, ou seja: os 13,3% dos pretos e 13,4% dos pardos (que, na verdade, representam um só grupo étnico, os afrodescendentes) representam o dobro da incidência de analfabetismo observado na população branca: 5,9%.

Ainda segundo o IBGE (2010), outro indicador educacional importante é o analfabetismo funcional[9], sendo que, apesar de essa taxa ter diminuído significativamente nos últimos dez anos, passando de 29,4%, em 1999, para 20,3%, em 2009, o que representa ainda 29,5 milhões de pessoas, mantém-se a diferença entre afrodescendentes (pretos e pardos) e brancos: sendo o analfabetismo funcional entre pretos (25,4%) e pardos (25,7%), enquanto atinge apenas 15,0% dos brancos.

Outros dados apresentam informações que ao longo dos anos pouco sofreram alterações – sinalizando que esses segmentos requisitam políticas afirmativas mais estruturadas e focalizadas para que saiam dessa realidade. Um deles refere-se à média de anos de estudo: a população branca de 15 anos ou mais de idade tinha em 2009, em média, 8,4 anos de estudo, enquanto pretos e pardos naquele mesmo ano alcançaram apenas 6,7 anos. Mas atenção para uma curiosidade: "Em 2009, os patamares são superiores aos de 1999 para todos os grupos, mas o nível atingido tanto pela população de cor preta quanto pela de cor parda, com relação aos anos de estudo, é atualmente inferior àquele alcançado pelos brancos em 1999, que era, em média, 7,0 anos de estudos" (IBGE, 2010).

Se no nível básico a realidade é assimétrica, no nível superior – mesmo com as cotas – não se surpreende que cerca de 2/3, ou 62,6%, dos estudantes brancos estavam nesse nível de ensino em 2009, contra menos de 1/3, ou seja, 28,2% dos pretos e 31,8% dos pardos. Mas o quadro já foi bem pior, uma década atrás: em 1999, eram 33,4% de brancos, contra 7,5% de pretos e 8,0% de pardos que cursavam o Ensino Superior.

Marcados por um trajeto de educação precária, de poucos anos de estudo e níveis incompletos de ensino, e em decorrência disso relegados a rendimentos inferiores, as populações vul-

---

9. O analfabetismo funcional refere-se a pessoas de 15 anos ou mais de idade com menos de quatro anos completos de estudo, ou seja, que não concluíram o 5º ano do Ensino Fundamental.

neráveis são levadas a outros territórios da exclusão, sendo as condições de habitação uma delas.

A situação dos domicílios brasileiros em 2009 (IBGE, 2010), com condições simultâneas de abastecimento de água por rede geral, esgotamento sanitário também por rede geral e lixo coletado diretamente, apresenta uma aproximação desta realidade excludente: somente 62,6% dos domicílios urbanos brasileiros encontravam-se nessa condição específica, indicando o quanto se tem de caminhar para alcançar níveis mais altos de melhor qualidade de vida para a população brasileira.

Ao se considerar as classes de rendimento, constata-se que quanto maior a faixa de rendimento, maior a proporção de domicílios com serviços de saneamento. Para a classe de rendimento médio de até ½ salário-mínimo per capita, 41,3% dos domicílios possuía os serviços simultâneos aqui considerados. Essa proporção cresce sistematicamente para cada classe até chegar em 77,5% para a de mais de 2 salários-mínimos de rendimento domiciliar *per capita*. Nota-se, entretanto, que mesmo para as faixas de maior poder aquisitivo há ainda muito que se investir nos serviços públicos de saneamento.

O que se apreende dos dados acima partilhados é que a incidência da pobreza, na realidade de indivíduos em vulnerabilidade social, à medida que é forjada no seio de uma economia globalizada e, portanto, figura como extremamente competitiva, torna-se uma vivência sofrida de perpetuamento da exclusão social, desde o acesso acidentado e pontual a serviços básicos até propriamente a inserção precária no mercado de trabalho.

A questão que se coloca é que na contemporaneidade não são apenas os históricos excluídos que estão sendo arrastados ao abismo social, mas se avizinham destes outros segmentos que há décadas figuravam como economicamente "inclusos". Assim, confusamente, reduziram-se as clássicas divisórias que distinguiam o *status* social de empregados e desempregados, filiados e desfiliados, inclusos ou excluídos. A precarização do mundo do trabalho e a crise da sociedade salarial conectaram o percurso dos desempregados de hoje, com a realidade dos trabalhadores integrados de ontem e dos pobres assistidos de amanhã. Nesse sentido, Castel (1997) convida-nos a ver não apenas os que se encontram (historicamente) na margem (que ele denomina de "zonas de exclusão"), mas voltar a atenção das políticas sociais também àqueles que se encontram nas chamadas "zonas de inclusão". Leia-se: os momentaneamente empregados ou que têm renda derivada do trabalho informal (sem regulamentação, nem garantias sociais), e mesmo aqueles que sobrevivem com a renda mínima obtida dos programas sociais governamentais (como o Bolsa Família).

Esses elementos não podem ser desconsiderados ou diminuídos em sua importância quando se atua nas escolas. Ao contrário, devem sedimentar a compreensão crítica da realidade social e, na sua esteira, a construção de estratégias mais interessantes, viáveis e consequentes nos rumos do fortalecimento da cidadania de todos os seus segmentos, dentro e fora da escola.

3.3 Da precarização social à precarização das relações familiares

A crise social trouxe danos não apenas à condição social e econômica das populações, mas influenciou na dinâmica da vida familiar, na qualidade dos laços afetivos e no cumprimento das obrigações sociais, criando arranjos familiares novos.

A família nuclear e biológica original não é mais o modelo hegemônico. Coexiste na atualidade com outras formações, pouco ou nada similares. São mães que moram com filhos, sem a presença da figura de um esposo ou correspondente masculino/paterno. São irmãos jovens que assumiram a guarda dos irmãos mais novos e vivem sem os pais. São avós que assumiram social e legalmente os netos e passaram a atuar como se fossem "pais" dos mesmos. São famílias compostas apenas de um casal heterossexual ou homossexual, sem filhos, mas que desejam ter filhos e aguardam na "fila" da adoção.

Cada família tem sua história e esta esclarece sobre sua configuração. O importante é sempre respeitar a formação existente, sem juízos de valor – exceto em situações que coloquem em risco algum membro familiar, deve-se aceitar a estrutura e formação familiar tal como ela é, sem compará-la com outros modelos e arranjos. Afinal, o foco deve ser sempre a realidade e o contexto daquela família específica e de como seus integrantes são respeitados e atendidos em seus direitos e necessidades.

Há certamente muitos fatores condicionantes que resultam em separações conjugais ou desfiliações, sendo predominantes aqueles associados a questões de ordem econômica, social ou cultural; como mudança de emprego, desemprego e fissuras afetivas no relacionamento conjugal ou familiar.

Ainda que pareçam situações isoladas, as crises familiares podem ser consideradas epidêmicas, no compasso em que, além de multiplicarem-se expressivamente, são fortemente influenciadas por mudanças culturais e novas convenções sociais. Como resultado, a questão social, estruturante, acaba incidindo na precarização dos laços sociais, familiares e parentais.

A exposição compulsória a condições de vida *estressantes* (discussões familiares, redução de horas de sono, dupla jornada escola/trabalho), *insalubres* (consumo de drogas psicoativas, falta de alimentação adequada, condições sanitárias precárias e ambiente familiar nocivo) ou *violentas* (violência doméstica, maus-tratos, abusos e/ou exploração sexual), tem levado indivíduos e, por conseguinte, o grupo familiar a processos de crises, sofrimentos, perdas e rompimentos.

Sob o efeito dessas condições precarizadas sofrem os adultos cuidadores ao se verem desviando de seu papel, mas sofrem, sobremaneira, as crianças e adolescentes, verdadeiras vítimas desse processo. As incertezas econômicas, o desemprego dos pais, o estresse cotidiano e a luta por sobrevivência vão talhando a "fragilização das relações e o racionamento nos afetos, deteriorando os vínculos ou mesmo as atitudes de mútua proteção entre seus pares" (AMARO, 2012)[10].

A omissão e a desatenção dos pais diante dos filhos, apesar de mais visível em famílias pobres, ocorrem também em famílias mais favorecidas, muitas vezes escamoteadas pela presença de babás, escolinhas, clubes, viagens à Disney, videogames e "gordas" mesadas (para comprar o silenciamento de abusos). A solidão e o desamparo resultantes acabam refletindo negativamente na relação em que a criança ou adolescente estabelece consigo mesmo e com os outros.

Nas classes mais favorecidas, sabe-se que muitos abusos e negligências seguem silenciados pelos filhos, não raro, por recomendação dos próprios pais (AMARO, 2003c, passim). E como o mundo da família é mantido na quase total privacidade, certos abusos vão ser conhecidos apenas quando os filhos se independentizam e saem de casa. Nas classes menos favorecidas, as situações de risco e violência a que as crianças e adolescentes são expostos são fortemente agravadas pela situação social das famílias. Assim, muitas vezes, a negligência ou abuso biografados na infância, pela própria mãe ou pai, são reproduzidos na relação que estabelecem com os filhos, sobretudo se acrescidos de situações estressantes, degradantes e crônicas (como o uso de drogas, o desemprego e a fome, p. ex.) e acabam desencadeando mais violência.

---

10. Contudo, em que pese a força desses condicionantes na vida de muitas famílias, não se pode perder de vista que mesmo o manto da precarização não impede que muitos pais sejam cuidadores, amorosos e protetivos na sua relação com os filhos.

Por vezes, a notícia de que os alunos estão sofrendo abusos vem do próprio aluno como um expresso pedido de socorro (geralmente dirigido ao professor, colega de classe, mãe de um colega, ou alguém em que confie na escola), subvertendo o segredo familiar. Noutras, derivam da notificação de algum vizinho ou parente que informa a situação de risco ou violência a que as crianças e adolescentes estão sendo submetidos (à escola ou, diretamente, ao conselho tutelar). O que importa é estar atento aos sinais que indicam que essas situações podem estar acontecendo, encaminhando a suspeita aos órgãos responsáveis para que procedam na verificação e/ou confirmação do caso (AMARO, 2003c, passim).

Quando famílias precarizadas são chamadas na escola e informadas de que a desatenção nos estudos, o medo exacerbado e o choro compulsivo de seus filhos são decorrentes da vitimização infantil, "[...] a tendência inicial é esconder-se envergonhada ou duvidar do diagnóstico profissional, lançando farpas a este, ao denunciante mantido em anonimato e, não raro, à vítima, o(a) próprio(a) filho(a). No geral agem assim, "em nome da 'preservação' da relação conjugal ou mesmo da unidade familiar, relegando o sofrimento infantil a segundo plano" (AMARO, 2003c: 123, passim).

Nesse instante, o profissional lida com forças que não conhece na sua complexidade: a história da família, seus segredos e cumplicidades nos laços precários e atos perversos constituídos. Exatamente por isso, muitas vezes, para as famílias, a revelação é um golpe e o profissional é um portador de más notícias. Tudo porque "esta revelação provoca um desmoronamento no imaginário da família, um questionamento dos laços que a formam, uma mudança de rumos, uma reviravolta nos papéis atribuídos aos responsáveis pela criança" (FALEIROS, 1998: 269).

Em meio à ambiguidade de que(m) defender, a si, à unidade da família ou à integridade da criança, não optam pelo terceiro, e correm para a suspensão do atendimento, chegando à máxima de mudar de endereço ou de escola. De fato,

> querem ser "desidentificados" e deixar tudo "como está". Nenhuma dúvida acerca dessa sua atitude, pois muito provavelmente a negligência já fosse uma linguagem exercida na família para que a vitimização permanecesse "desconhecida" ou mantida em segredo (AMARO, 2003c: 123).

A complexidade dessas relações requer uma ação profissional consistente e articulada, voltada a agir junto à família agressora e ao sujeito vitimizado, acionando direitos e serviços institucionais. Essa defesa de direitos deverá traduzir-se numa "rede articulada de garantias efetivas, de responsabilização do Estado, da família, e sociedade, de prestação de serviços e prevenção" (FALEIROS, 1998: 269). Geralmente, na escola, acionar essa rede de proteção é papel do assistente social. Mas essas ações demandam a responsabilidade e a participação de muitos agentes, sendo centrais os educadores, os orientadores educacionais, os estudantes e seus familiares.

3.4 A questão das drogas

Segundo a ONU, cerca de 8 milhões de pessoas, no mundo inteiro, consomem heroína e outras substâncias derivadas de plantas de ópio, 13 milhões usam cocaína, mais de 150 milhões consomem maconha e 25 milhões usam drogas alucinógenas. A produção da maconha cresceu 25% nos Estados Unidos e 30% no Canadá. Da heroína consumida nos Estados Unidos 5% vêm do México, 32% vêm da América do Sul e 57% dos países asiáticos.

A comercialização das drogas agrava a questão social, causa desequilíbrio na vida social e familiar das populações e cria desordens econômicas. As atividades ilícitas provocam a lavagem de dinheiro, o rápido enriquecimento de alguns alicerçado na exploração, miséria e morte de outros. Geralmente são os mais pobres e, dentre estes, crianças e adolescentes que são cooptados e explorados para a execução das atividades mais perigosas – como o transporte das drogas –, onde arriscam a vida e cronificam sua condição marginalizada e empobrecida.

Há que se enfrentar esse caos. Na agenda de sociedades e governos está o combate aos cartéis, ao tráfico de drogas e sobretudo à erradicação das drogas a partir de estratégias de prevenção, com base na educação para a saúde e ações articuladas de valorização da vida saudável.

Contudo, apesar da corrente publicização desses dados e de sua catastrófica realidade, a sociedade contemporânea tem desenvolvido uma estranha tolerância em relação às drogas, reagindo confusamente contra sua repressão, às proibições e advertências; ignorando, alienada, seus danos e vítimas – silenciados na violência no trânsito, na violência doméstica, nos suicídios e homicídios.

As drogas de um modo geral têm essa aderência social: não bastasse a dependência química que desencadeiam, se consolidam e enraízam como símbolos de *status* social, compondo com peças do vestuário ou situações "clichês", signos de consumo, incorporados de atributos simbólico-identificatórios de juventude, virilidade, "equilíbrio", prazer, força, felicidade e espírito de grupo.

O que de fato está por trás da adesão às drogas é a curiosidade, o estado confusional de valores, a busca da felicidade artificial, bem como de compensações (muitas vezes na forma de tranquilizantes) para enfrentar a vida estressante, os problemas econômicos, os desequilíbrios afetivos, as incompreensões, a pressão de grupos sociais ou a rejeição social. Ou seja: consumir drogas não se trata de uma escolha "livre", tampouco uma atitude "consciente", mas exatamente o contrário: é uma forma de "compensação", tensa, desesperada e angustiante, do que falta na vida material, emocional ou social dos sujeitos.

Os dados epidemiológicos apontam que o consumo de drogas lícitas e ilícitas vem aumentando em escala mundial, revelando-se duplamente um problema de segurança e de saúde públicas. A questão preocupante é que não são apenas os adultos, mas cada vez mais os jovens e adolescentes as principais vítimas dessa realidade.

A natural curiosidade e vontade de pertencer a um grupo, acionadas por alguma frustração ou sofrimento decorrente de experiências de perda ou exclusão social são fatores que aproximam os adolescentes das drogas lícitas e ilícitas. E isso ocorre em todas as classes sociais. Sabe-se, contudo, que existe uma estratificação por situação econômica: os mais ricos têm acesso a drogas mais caras, como a cocaína e o ecstasy, enquanto aos mais pobres são mais acessíveis a maconha, o crack e o éter.

Dados do VI Levantamento Nacional sobre o uso de Drogas Psicotrópicas entre Estudantes do Ensino Fundamental e Médio da Rede Pública e Privada das 27 Capitais Brasileiras, pesquisa realizada pelo Centro Brasileiro de Informações sobre Drogas (Cebrid) em 2010 confirmam essa realidade:

> [...] Verificou-se diminuição estatisticamente significativa do consumo de álcool, anfetaminas e solventes em estudantes do Ensino Fundamental e Médio, em um período de 23 anos (desde o I Levantamento, de 1987, ao mais recente, de 2010). Observou-se, entretanto, aumento significativo de consumo de maconha e cocaína, neste mesmo período. Esse padrão de uso de drogas dos estudantes brasileiros assemelha-se ao de estudantes norte-americanos (CEBRID, 2010, apud GALDURÓZ, 2011: 64).

É de conhecimento público que o uso de drogas além do mal que acarreta à saúde, em termos de adoecimento físico-mental, da dependência química e do risco de sequelas diversas, também favorece a exposição a riscos, violências e outros agravos sociais, dado que deflagra no usuário comportamentos considerados de risco. Referimo-nos aqui a exposição a violências, abusos, exploração sexual, gravidez indesejada e envolvimento em atos infracionais, entre outros.

> O imperativo das drogas nas relações sociais, porém, ceifa não só a saúde individual como a social. Ao passo que o uso de drogas vai se expandindo, drogas mais pesadas vão sendo consumidas, gerando mais dependência química. Nesse estágio, a qualidade das relações sociais (familiares, conjugais, afetivas, laborais, escolares...) vai se deteriorando visivelmente. As drogas estão associadas a maus-tratos infantis, a desavenças familiares, à fuga de casa, a suicídios, homicídios e lesões corporais [...] à agudização da violência, à criminalidade, à prostituição e à exploração de meninos, meninas e mulheres, como exército na cadeia do crime organizado (AMARO, 2012: 155).

Compete ao assistente social, baseado na legislação vigente, nos programas governamentais e serviços de atendimento disponíveis organizar seu plano de trabalho para promover ações voltadas à prevenção das drogas, investindo em processos formativos dirigidos a alunos, pais e professores, bem como fortalecendo os canais de apoio, escuta e atenção dos adolescentes e jovens, usuários e não usuários de drogas.

Mas há que fazê-lo de modo criativo, para que funcione e impacte positivamente. Nesse sentido sugere-se a superação

> daquelas palestras enfadonhas, guiadas por um tom ameaçador e punitivo, em cuja mensagem drogas são simplesmente ruins, fazem mal e ponto [...]. Em lugar do aterrorizamento, o esclarecimento. Em lugar de omitir que a droga produz algum efeito de prazer, ressaltar que o efeito existe, mas é provisório e acaba por agravar os problemas que levaram ao uso de drogas. Em lugar de ameaçar, educar e ensinar. Em lugar de informar, na lógica de "preencher cabeças", formar, na perspectiva de "promover sua reflexão". Em lugar de dirigir e comandar mudanças de comportamento, orientar decisões autônomas e conscientes. Em lugar de focalizar em mensagens que falam do que "se perde" com as drogas, demonstrar isso fazendo sentir o que se "pode ganhar" sem fazer uso de drogas: estar de "cara limpa" com amigos, aumentar a autoestima, a autoconfiança, o prazer, o prestígio, enfim, ter uma vida saudável e sob seu próprio controle (AMARO, 2012: 156).

Evidentemente, deve-se estar atento à realidade comunitária, em que traficantes cercam, coagem e assediam alunos para criar novos dependentes químicos e futuros compradores ou operários da cadeia do crime. Sempre é recomendável, portanto, que o profissional respaldado pela legislação vigente, pelo projeto político-pedagógico da escola, não aja isoladamente, mas que organize suas estratégias, sempre com o apoio da gestão escolar e de serviços ou instituições locais de proteção à criança e ao adolescente (conselho tutelar, ministério público, delegacias de polícia, centros de atendimento psicossocial).

3.5 Crianças vítimas de violência

Crianças e adolescentes[11], legalmente sujeitos de direitos, são em todas as sociedades o segmento social mais exposto à violência.

Se até o início do século XIX não só a prática de castigos corporais, como também o infanticídio eram tolerados e até considerados práticas padronizadas como normais, recentemente sua negação coexiste com outras formas de violência não menos desumanas. Resultado: a exposição à violência e a situações de risco que as deflagram, assombra a vida de crianças e adolescentes de todas as partes do mundo.

Há muitas definições e conceitos de maus-tratos. Optamos aqui pelo de Santos (1997), para quem maus-tratos referem-se a ações de violência geradoras de danos físicos e psíquicos a crianças e adolescentes. São relações envolvendo sempre um agressor em "condições superiores" (força, maturidade, posição social/econômica, induzindo a vítima por meio de violência ou consentimento baseado em ameaças ou artimanhas de

---

11. Acompanhando a definição constante na Lei Brasileira 8.069/90 – Estatuto da Criança e do Adolescente (ECA), considera-se criança a pessoa de até 12 anos de idade incompletos e, adolescente, a pessoa entre 12 e 18 anos de idade.

sedução. Os maus-tratos contra crianças podem ocorrer por omissão, supressão ou transgressão de seus direitos, podendo se manifestar de diferentes maneiras: violência física, abuso sexual, violência psicológica e negligência. Convencionou-se acreditar que a violência intrafamiliar trata-se de uma ocorrência peculiar de famílias empobrecidas, derivada da falta de condições sociais e do estresse associado a perdas relacionadas aos processos de exclusão social.

Ledo engano. A violência que golpeia crianças ocorre, persistentemente, dentro de seu próprio lar, e tem como algozes famílias e familiares pobres e não pobres, da classe média ou alta, portadores de todos os níveis de instrução. Os casos conhecidos demonstram que não são as desordens emocionais, nem tampouco as desfiliações parentais, ou os novos arranjos familiares delas decorrentes, os condicionantes da violência que vitima crianças.

No entendimento de muitos especialistas (AZEVEDO & GUERRA, 1998; AMARO, 2012, 2014a; CARDIA, 1999; FOUCAULT, 1984, 1992a; FALEIROS, 2000) os maus-tratos físicos e o abuso sexual ocorrem, não por uma crise, desvio, anormalidade ou uma pulsão sexual irreprimível do agressor, mas por uma relação de poder, assentada na superioridade/prevalência do adulto frente a crianças e adolescentes. Essa relação de poder denomina-se adultocentrismo. O fato de os abusos acontecerem, predominantemente, no espaço doméstico, sob o seio da família ou poder parental, revela essa relação de força.

O adultocentrismo refere-se à visão e à ação no mundo centradas e organizadas sob a ótica do adulto, à qual corresponde uma relação de poder em que as necessidades e direitos de crianças e adolescentes são submetidos a uma condição hierarquicamente inferior às dos adultos, segregados ou negligenciados em suas necessidades e importância. Desse modo, ao surrar ou abusar sexualmente de uma criança, o adulto demonstra que ele é mais forte do que ela, miniaturizando-a em sua importância, valor e poder.

Em Portugal, segundo o relatório das CPCJs, em 2006 existiam 50.947 processos que envolviam 54.101 crianças e jovens em situação de risco. Mas segundo a Rede Europeia de Acção Social são cerca de 120 a 130 mil as crianças que existem em Portugal em situação de pobreza e, portanto, de risco. Nas crianças entre os 0 e os 6 anos, os principais motivos de risco são negligência, maus-tratos no contexto da violência doméstica, pornografia infantil, comércio de crianças, enquanto nas idades superiores a 10 anos os maiores problemas são o abandono escolar e o abuso sexual (GRANJA, 2008: 231-234, passim).

No Canadá, o relatório do Centro de Juventude de Montreal relativo ao período compreendido entre 2004 e 2005 aponta 8.326 denúncias de risco, das quais 4.161 foram confirmadas. Também neste caso os problemas que afetam as crianças até os 11 anos são a negligência e o abuso físico (GRANJA, 2008: 231).

No Brasil, segundo dados disponibilizados pelo Sinan/SVS/MS (MS, 2011) tendo em conta os atendimentos às vítimas no Sistema Único de Saúde (SUS), tem-se que: os atendimentos à violência física sofrida na faixa de 1 a 14 anos, ultrapassa os 10 mil casos, e alcança 21 mil casos se incluirmos a faixa de 14 a 19 anos. Em percentuais, tem-se que 29,4% destes casos são de crianças com menos de 1 ano, 21,7% correspondem à faixa de 1 a 4 anos e 26,9% representam o atendimento de crianças de 5 a 9 anos de idade.

Os dados referentes à violência sexual notificada também assombram: conforme os registros do Sinan (MS, 2011), foram atendidos, em 2011, 10.425 crianças e adolescentes vítimas de violência sexual, a grande maioria do sexo feminino (83%), sendo confirmados em 21,8% dos casos atendidos na faixa de 1 a 4 anos de idade, 30,3% na faixa de 5 a 14 anos, e em 28,3% na faixa de 10-14 anos. Há também casos significativos, e que passam recentemente a ser mais notificados, relativos à violência moral e psicológica, basicamente nas faixas de 10-14 anos; bem como casos de negligencia e abandono, preponderante nas faixas de 1 a 4 anos de idade.

Segundo especialistas (FALEIROS, 2000; AMARO, 2002, 2012; WAISELFISZ, 2012) cada vez mais se reconhece que a violência que golpeia crianças é intrafamiliar e acontece no lugar mais privado e supostamente protegido, o lar, dentro de casa. Comparativamente, enquanto as violências que acontecem na rua não chegam a 9% nas faixas do intervalo de 1 a 9 anos de idade, acontecem preponderantemente na residência das vítimas, chegando a 67% na faixa de menos de 1 ano, 78,1% na faixa de 1 a 4 anos e 74% de 5 a 9 anos (WAISELFISZ, 2012: 66, passim).

Segundo dados de atendimento no SUS, os pais e os amigos ou conhecidos da família aparecem nas estatísticas como os principais agressores, sendo responsáveis pelas violências físicas que ocorrem até os 9 anos de idade:

Os pais, englobando aqui pai, mãe, padrasto e madrasta, concentram acima de 50% das notificações por violências físicas até os 9 anos de idade. Esse peso cai para 31,3% na faixa de 10 a 14 anos de idade das vítimas, e ainda para 11,6% nos anos finais da adolescência [...]. Os amigos ou conhecidos da vítima ocupam o segundo lugar, com 22% dos casos atendidos, adquirindo relevância a partir dos 5 anos de idade (WAISELFISZ, 2012: 69).

No caso de violência sexual, tem-se que: na maioria dos casos, o agressor era amigo ou conhecido da criança ou da família, especialmente dos 5-9 (33,3%) e 10-14 anos (30,9%) de idade das vítimas. Pais e padrastos aparecem seguidamente como responsáveis pelos abusos, com destaque para a representação da família nuclear (pai, mãe, padrasto, madrasta, tios e irmãos) que aparece com 26,5% dos agressores das crianças e adolescentes.

O fator familiar, dada a onipresença do agressor e a imposição do silenciamento da violência, pela via do segredo, incide na reincidência dos abusos.

Toda essa carga de violência, quanto mais reificada e postergada, mais riscos impõe à criança, podendo levá-la à morte.

Esses dados são alarmantes. Mas são apenas os dados conhecidos. Muito provavelmente, a incidência de maus-tratos seja bem maior do que os registros disponíveis revelam. Conforme Britto e Lamarão (1994), uma razão decisiva para essa subcontagem nunca inferior a 20% residiria no fato de que os próprios familiares das vítimas são os abusadores, contra os quais raramente são feitas denúncias. Ainda assim, os números apresentados já referem a magnitude do fenômeno e sua gravidade.

Como se não bastasse o drama da desproteção, da exposição à dor, ao sofrimento e a ameaças, o medo de novas violências provoca nas vítimas tendências autodestrutivas e agressivas (OLIVEIRA, apud SAFFIOTTI, 1997: 182). A vergonha, a culpa, o silêncio, a incredulidade dos adultos, o aniquilamento da autoestima, o medo, o sentimento de inferioridade, a depressão, acabam condicionando, no plano simbólico ou concreto, um desejo de morte: a agressão letal acaba por significar a única liberdade possível, num contexto de extrema tensão (SAFFIOTTI, 1997: 194).

Diante do que foi apresentado, defendemos que os maus-tratos físicos e, sobretudo, sexuais devem ser o mais rapidamente quanto possível, identificados. E a escola é o lugar estratégico para essa revelação, compreensão e superação.

Tudo começa com o olhar atento, cuidadoso e protetivo dos educadores e profissionais que atendem a criança e o adolescente na escola. E, no caso de suspeita, a maior brevidade no encaminhamento da denúncia aos órgãos de proteção pode representar suspensão do abuso e muitas vezes o salvamento da vida das vítimas.

Estar atento a sinais identificadores da experiência traumática derivada de abusos e maus-tratos é importante para agir com prontidão. Em algumas obras (AMARO, 1997, 2014) demonstramos como o mau-trato é corporificado e se manifesta física, atitudinal, psicológica ou mesmo biologicamente:

> Algumas crianças ficam paralisadas, perplexas diante da violência sofrida. Outras reagem, emitindo sinais de sintomas: tristeza profunda, enurese noturna, roubo, pânico, conduta oposta a sua habitual (apatia ou agitação, medo ou agressividade), irritabilidade, instabilidade emocional, isolamento dos colegas e amigos, indisposição excessiva diante de atividades de sua preferência e regressão na escola (AMARO, 1997: 20-22).

Elas reprimem falar do assunto e muito comumente negam, por orientação/pressão/ameaça de pais e familiares, o testemunho-denúncia do abuso, que corajosamente reuniram forças para apresentar. Geralmente, sofrem de "depressão, descontrole, anorexia, dificuldades nos estudos, problemas de concentração, digestivos, fobias, sensação de estar sujo. Há tentativas de suicídio ligadas ao trauma" (FALEIROS, 1998: 267).

A complexidade dessas relações que envolvem abuso, dor, perda da confiança, medo e sofrimento requer uma ação profissional consistente e articulada, voltada a agir junto à família agressora e ao sujeito vitimizado, acionando direitos e serviços institucionais.

A busca de informações para corroborar a denúncia deve ser buscada por meio da conversa com parentes, amigos e vizinhos, bem como professores da criança e profissionais de saúde (dentro da escola ou nos serviços de atendimento existentes na comunidade) que atendem a família, exigindo muitas vezes a realização de visitas domiciliares[12] para dar consistência à denúncia e detalhar elementos acerca da situação investigada.

Todos os esforços devem ser empreendidos em defesa de direitos das crianças e adolescentes vitimizados, acionando a "rede articulada de garantias efetivas, de responsabilização do

---

12. Para nortear a realização de visita domiciliares, recomendamos nosso livro *Visita domiciliar: teoria e prática* (2014b).

Estado, da família, e sociedade, de prestação de serviços e prevenção" (FALEIROS, 1998: 269).

Esse processo é inegavelmente difícil de se elaborar, tendo em vista tanto o contexto familiar e do segredo, em que tantas questões, tensões e negociações estão onipresentes. Exatamente por isso se requisita um profissional ativo e crítico, com conhecimento tanto da rede fenomenal da violência intrafamiliar e suas tramas como das estratégias políticas de prevenção, defesa, responsabilização, reabilitação social (de vitimizados e agressores) e atendimento emergencial.

3.6 Homofobia na escola[13]

> *Qualquer discriminação é imoral*
> *e lutar contra ela é um dever*
> (FREIRE, 1992: 35).

> *Precisamos, sim, de uma escola que se posicione criticamente sobre as políticas públicas, em todas as suas formas, com vistas à inclusão de todas e todos! Precisamos, sim, de planos de educação, em todas as esferas da administração pública, que reconheçam a diversidade sexual e de gênero! Precisamos, sim, de uma educação que valorize a diversidade sexual e de gênero!* (JESUS, 2016: 180).

A escola cidadã, voltada à construção de uma sociedade humanista, equitativa e inclusiva saiu do campo teórico e ganhou institucionalidade com a Lei de Diretrizes e Bases da Educação Nacional (LDB), de 1996. A partir da LDB, parâmetros curriculares nacionais (PCNs) foram criados e, segundo estes, sexualidade e temas afins como diversidade sexual, orientação sexual e

---

13. O Conselho Federal de Serviço Social (Cfess) expediu a Resolução 489, de 3 de junho de 2006, que veda práticas discriminatórias e preconceituosas no exercício profissional em relação à orientação e expressão sexual por pessoas do mesmo sexo – instrumento que refere e fortalece princípios constantes no Código de Ética do Assistente Social.

relações homoafetivas passaram a compor a agenda obrigatória da educação básica.

Essa mudança promoveu uma "reviravolta" no padrão moral-educacional que regia a escola, bem como na visão da formação cidadã que ofertava ao aluno, sendo marcos nesse processo de renovação, guiados pelas luzes da Constituição Federal de 1988, o Programa Nacional de Direitos Humanos – PNDH (2002) e o Programa Brasil Sem Homofobia (2004).

O *Programa Nacional de Direitos Humanos* (PNDH II, 2002) recomenda aos governos que seja promovido "um ensino fundado na tolerância, paz e no respeito às diferenças, que contemple a diversidade cultural do país" (PNDH II, 2002: 53).

Por sua vez, o Programa Brasil Sem Homofobia (2004), para cuja formulação o Ministério da Educação colaborou e é um de seus signatários, tem, no seu cerne, a compreensão de que é necessário formular políticas e empreender ações concretas para o reconhecimento da diversidade sexual e promover políticas de equidade social, com vistas à efetiva consolidação dos direitos humanos, como direito de todos e todas.

Particularmente, o Projeto Escola sem Homofobia, apoiado pelo Ministério da Educação/Secretaria de Educação Continuada, Alfabetização e Diversidade (MEC/Secad), tem como objetivo:

> contribuir para a implementação do Programa Brasil Sem Homofobia, pelo Ministério da Educação, através de ações que promovam ambientes políticos e sociais favoráveis à garantia dos direitos humanos e da respeitabilidade das orientações sexuais e identidade de gênero no âmbito escolar brasileiro (MEC, 2011d).

Nesse contexto legal, a educação assume um papel de indiscutível relevância. Não por acaso, um dos objetivos centrais do Programa é "a educação e a mudança de comportamento dos gestores públicos", no "combate à violência e à discriminação contra *gays*, lésbicas, bissexuais, transgêneros, transexuais e pela promoção da cidadania homossexual".

Nessa direção, a escola torna-se um espaço de referência para contribuir na construção de novos padrões societários, de novos olhares para a diversidade sexual, tal como tem procedido em respeito à diversidade étnica. Esse movimento coloca a educação como política estratégica na redução da violência social que acomete a comunidade homossexual ou população GLBTT, como vem sendo preferencialmente denominada.

Apesar do esforço e ruptura cultural que a mudança proposta envolve, muitas comunidades escolares têm protagonizado, por conta do tabu associado à sexualidade, uma lenta modificação na cultura, relações e agenda pedagógica sobre a temática. Mais do que isso: a escola tem abrigado cenas, discursos e relações ignóbeis que expõem o educando homossexual a uma série de violências:

> [...] tratamentos preconceituosos, medidas discriminatórias, insultos, constrangimentos, ameaças e agressões físicas ou verbais têm sido uma constante na vida escolar de jovens GLBTT. Isso, certamente, produz efeitos nas suas trajetórias educacionais e formativas e nas suas possibilidades de inserção social. Por exemplo: incide no padrão das relações sociais entre estudantes e profissionais da educação; afeta as expectativas, o rendimento escolar, o processo de configuração identitária e a construção da autoestima; pode prejudicar o processo de inserção no mercado de trabalho e influencia a sua vida socioafetiva. Os casos mais evidentes têm geralmente sido os vividos por transexuais e transgêneros, que têm enfrentado obstáculos até para conseguirem se matricular na rede pública de ensino, em seguida, para frequentar as aulas, ter suas identidades respeitadas e fazer uso das estruturas das escolas (como os banheiros, p. ex.) [...] (ABRAMOVAY, 2006, passim).

Essa realidade diverge, exponencialmente, do que se espera de um ambiente educacional, o qual, via de regra, deve ser construtivo, humanizado e devotado à formação para a cidadania.

Estudos revelam que a violência contra homossexuais nas escolas é recorrente e deixa marcas importantes na trajetória pessoal e social dos indivíduos vitimados.

A pesquisa *Perfil dos professores brasileiros* realizada pela Unesco, entre abril e maio de 2002, em todas as unidades da federação brasileira, na qual foram entrevistados 5 mil professores da rede pública e privada, revelou entre outras coisas que para 59,7% deles é inadmissível que uma pessoa tenha relações homossexuais e que 21,2% deles tampouco gostariam de ter vizinhos homossexuais (UNESCO, 2004a: 144, 146).

Outra pesquisa (UNESCO, 2004b: 277-304), realizada pelo mesmo organismo em 13 capitais brasileiras e do Distrito Federal, revelou que 12% dos professores entrevistados em Belém, Recife e Salvador acreditam ser a homossexualidade uma doença, entre 14 e 17% em Brasília, Maceió e Porto Alegre, Rio de Janeiro e Goiânia e mais de 20% em Manaus e Fortaleza.

As estatísticas se agravam quando se indaga sobre outros condicionantes:

> • Pais de estudantes do sexo masculino afirmam que não gostariam que homossexuais fossem colegas de seus filhos: 17,4% no Distrito Federal, entre 35 e 39% em São Paulo, Rio de Janeiro e Salvador, 47% em Belém, e entre 59 e 60% em Fortaleza e Recife.

> • Estudantes masculinos apontaram "bater em homossexuais" como o menos grave dos seis exemplos de uma lista de ações violentas (ABRAMOVAY et al., 2004: 277-304).

A esse respeito Lopes (apud JUNQUEIRA, 2009) observa que:

> um garoto pode ser objeto de escárnio por parte de colegas e professores (o veadinho da escola) antes mesmo de identificar-se como *gay*. Em tal caso, tenderá a ter seu nome escrito em banheiros, carteiras e paredes da escola, permanecendo alvo de zombaria, comentários e outras variadas formas de assédio e violência ao longo de sua vida escolar (LOPES, apud JUNQUEIRA, 2009: 16).

Nesse contexto, não resta dúvida de que a escola configura-se um lugar de opressão, discriminação, preconceitos e terror, diante do quadro de violência a que submete, humilha e intimida milhões de adolescentes, jovens e mesmo adultos GLBTT.

Isto é, verifica-se que o fenômeno da homofobia é onipresente na escola, mas segue silenciado sob o manto do preconceito, do sexismo (no padrão heterossexista) e da indiferença.

Como se isso fosse pouco, a homofobia é "ensinada na escola". No compasso em que refere padrões únicos de sexualidade (heterossexualidade), incitando o homossexual à autonegação, à vergonha de si, ao isolamento social, à autoaversão e à autoculpabilização, no compasso em que é exposto à humilhação e constante ridicularização exercida por colegas e, não raro, por professores.

Urge, portanto, tomar uma posição implacavelmente contrária a toda a forma de discriminação desse segmento. Um caminho inicial talvez seja o de aproximar a escola da legislação vigente sobre a questão; inicialmente entre os educadores da escola, depois junto a pais e alunos.

A intolerância contra homossexuais viola o amplo direito à liberdade, ao respeito e à dignidade assegurados pela Constituição Federal de 1988 e a todas as leis que dela derivam, tal como no caso das crianças e adolescentes, nas normativas do Estatuto da Criança e do Adolescente.

Mott recorda que:

> humilhar, insultar ou castigar uma criança e o adolescente simplesmente porque demonstra tendência homossexual é um acinte contra o artigo 17 do Estatuto, que garante o direito à inviolabilidade da integridade física, psíquica e moral, abrangendo a preservação da imagem, da identidade e da autonomia. Impedir que crianças e adolescentes desenvolvam livremente sua orientação homossexual viola o artigo 18 da mesma lei quando determina que é dever de todos velar pela dignidade da criança e do adolescente, pondo-os a salvo de

qualquer tratamento desumano, violento, aterrorizante, vexatório ou constrangedor (MOTT, 2002: 7).

Com base no exposto, recomendamos uma educação sexual qualificada nas escolas e, conforme acentua Mott (2002), a punição dos homófobos como um primeiro passo para se corrigir tais abusos e honrar o que rege a Constituição em seus princípios de respeito incondicional e rechaço de todas as formas de preconceito e discriminação praticadas na sociedade.

Em seguida, deve partir-se à reeducação dos diferentes segmentos da escola (do zelador, do vigia até o professor da sala de aula, de Educação Física e o merendeiro). Esta deve atentar desde já para os sinais aparentemente mais ínfimos e inocentes, como as piadas, os comentários maliciosos e os vocábulos pejorativos e depreciativos com que se alcunham os alunos homossexuais.

Mas essas medidas não devem acontecer, nem isolada, nem improvisadamente:

> Na medida em que a própria escola é elemento fundamental na construção de uma sociedade democrática e pluralista, é imprescindível promover a formação e a capacitação de profissionais da educação para a cidadania e a diversidade, pelo reconhecimento do direito à livre-expressão afetivo-sexual e à livre-identidade de gênero de cada cidadão e cidadã (CASTRO; ABRAMOVAY & SILVA, apud MEC, 2005).

Alertar professores para que procedam na proteção e no respeito a todos os alunos, sem distinção, como aponta o texto constitucional e a própria LDB, deve ser uma prática cotidiana, na qual se inclui a denúncia de atitudes hostis e violentas, sejam verbais ou físicas. Ou seja: proibir e principalmente corrigir práticas sexistas ou homofóbicas realizadas por professores, alunos ou pais deve ser uma prática corrente na escola.

O importante é que ter um aluno homossexual na escola ou sala de aula cada vez menos seja motivo de escândalo, rechaço ou piada. Se o professor se converte, muitas vezes num orientador e amigo dos alunos nas matérias em que nem sempre podem contar com o apoio isento de seus pais, com o aluno homossexual essa situação não foge à regra. Afinal, sua condição ante o preconceito social que o golpeia, mais o aproxima de riscos e abusos de toda a ordem; desde os que cercam as primeiras descobertas sexuais até a exposição a ações de abusadores, exploradores e homófobos.

Por tudo isso, é preciso olhar para esses alunos, como o fazemos para os heterossexuais: com carinho, atenção e zelo, primando pela sua saúde, respeito e proteção. Isso se faz, entre outras manifestações, de modo inteligente e respeitador, dirimindo dúvidas relativas a doenças sexualmente transmissíveis e contração do vírus HIV, assim como outras, não raro, associadas a conflitos existenciais relativos à sua sexualidade.

Nesse imperativo, é preciso que os professores vigiem em si e nos outros essas intolerâncias e desmontem não só práticas opressoras contra homossexuais, mas também preconceitos a eles relacionados. Afinal, "ser *gay*, lésbica, travesti ou transexual não é um problema em si, nem reflete necessariamente transtornos familiares ou desajuste psicológico. O problema é a intolerância dos outros" (MOTT, 2002: 9).

Apenas assim agindo, é que se pode ter a certeza de que se promovem relações efetivamente humanizadas e democráticas na escola.

3.7 Bullying, cyberbullying *e outros manifestos de violência social na escola*

> A escola há muito não é mais representada como o lugar seguro de integração social, de socialização, não é mais um espaço resguardado, ao contrário, tornou-se cenário de ocorrências violentas (ABRAMOVAY, 2002: 93).

Como num fogo cruzado, a escola está no centro dos problemas sociais conjunturais. A questão pedagógica, antes central, divide as atenções de professores, pais e alunos com a violência, manifesta em cenas cada vez mais presentes, como: a invasão das drogas na escola, o assédio ou a exploração da prostituição infantojuvenil, o trabalho infantil, a briga de gangues, a violência racial e atos homofóbicos, em confrontos que vão rapidamente da agressão verbal à física. A comunidade escolar, especialmente professores e direção, contudo, não tem sabido guiar sua atitude no enfrentamento da violência e suas interfaces em seu seio. Compartilhando dessa preocupação, tendo em conta a relevância e complexidade de sua problemática, proponho-me a refletir sobre o fenômeno da violência na escola, com ênfase no *bullying*, na perspectiva de sua superação e prevenção.

Para além da compreensão de alguns aspectos do fenômeno da violência, é pertinente afirmar que, quando se manifesta no cenário escolar uma atitude ou situação violenta, isso representa uma saturação e um histórico de exclusões. Tratam-se de crianças e adolescentes que, após serem expostos a um histórico de agressões e cenas discriminatórias, aprenderam a responder numa linguagem correlata, marcada pela violência. Para saber-agir nesse contexto, é preciso saber-entender o que houve, como as atitudes, relações e situações se desencadearam até a ebulição. Se observar bem verá que o motivo ou fator gerador da confusão, ameaça ou lesão teve início num outro ato de violência, psicológico, simbólico e, não raro, também físico – e que geralmente tem relação com outros sujeitos e não apenas com a pessoa que é vitimada.

Situações corriqueiras, tipicamente competitivas como ganhar o campeonato ou conquistar um namorado, acabam servindo de justificativa para que se realizem verdadeiras maldades de cunho segregacionista.

Temos o entendimento que tais hostilidades, violências e de um modo geral muitos casos de discriminações que ocorrem no meio escolar (além dos aspectos culturais envolvidos como racismo, homofobia, xenofobia...) é sempre um ato relacionado à questão do poder. Ou seja: simbolicamente a violência, em quaisquer caso, é sempre um ato covarde e ao mesmo tempo assombrado de um sujeito que se sente diminuído ou que teme que isso ocorra; e, por conta dessa condição, busca reafirmar sua hegemonia ou retomar seu prestígio em relação ao outro, usando a força, a intimidação e a violência, ou dizendo de outro modo, "saqueando" o seu poder.

Nesse contexto, incitar o grupo à exclusão de um colega novo – porque é gordo ou negro – no time da escola, pode ser uma dessas formas sutis de diminuir o outro para, nesse jogo relacional, cultivar a ampliação de seu próprio poder no grupo. Difamar a garota bonita da escola também pode ser uma estratégia para desviar dela a atenção do garoto por quem está apaixonada e assim sucessivamente.

Esses atos, pelo fato de serem subterrâneos, raramente são acompanhados ou percebidos pelos professores e pais dos alunos e seguem muitas vezes invisíveis, disfarçados de "meras brincadeiras", apenas ficando conhecidos quando a vítima se queixa ou é gravemente ameaçada ou ferida.

Enquanto são silenciados tais atos nutrem toda uma carga de dores, rancores, sentimentos de injustiça, medo, pânico, depressão ou vontade de vingança, os quais variam e têm alternâncias, conforme cada sujeito vitimado e o cada contexto de violência.

A clandestinidade e silenciamento desses atos, com a omissão de muitos, torna a escola um lugar aterrorizante para quem sofre *bullying*. Lugar onde a dignidade é negada. Onde a dor e a tristeza não são percebidas como um problema, onde o professor não percebe que os tapinhas e os empurrões, as piadinhas e as quedas frequentes são constantes e intencionais.

Nahur (2011) alerta para o fato de essa condição ser particularmente perigosa,

> pois passa a ser considerada normal, natural, banal, levando à insensibilidade e até ao descaso para com uma prática que dissemina sofrimento e humilhação ao outro, que é tratado com intenso desprezo, descaso e desrespeito em sua dignidade humana (NAHUR, 2011: 66).

Na Cartilha do Conselho Nacional de Justiça essa violência é descrita como *bullying*, isto é, "uma conduta em que os mais fortes utilizam os mais frágeis como meros objetos de diversão, prazer e poder, com o intuito de maltratar, intimidar, humilhar e amedrontar suas vítimas" (BARBOSA SILVA, 2010: 7).

É preciso ter claro que a mesma escola em que se permite que o *bullying* se alastre é ela mesma sede de outras violências, a começar institucionais (indiferença, negligência, omissão) e correntemente psicológicas, de professores ou gestores contra alunos ou suas famílias (por meio de rejeição, exclusão da escola, inferiorização, culpabilização moral, e até "validação" da violência como punição "merecida").

O problema do violência na escola é que, de certo modo, ela funciona como uma linguagem e, como tal, vai compondo identidades, formas de ser e agir correspondentes.

> No compasso em que a violência vai se corporificando em experiências, dores, revides e exclusões, vai também tecendo um manual próprio, simbólico, composto pelas digitais de todos os que bateram e dos que apanharam, dos humilhados e dos humilhadores (AMARO, 2006: 12).

Chega um ponto em que já não é mais um problema relacional entre dois colegas, mas de dez colegas; e sem demora endemicamente vai contagiando toda a escola, criando ruídos e abusos, gerando atritos entre turmas, criando verdadeiros guetos e culturas de gangues dentro e fora da escola.

Não é incomum grupos de meninas rivalizarem na saída da escola, e meninos de uma escola marcarem briga com os de outra escola ou de outro bairro.

Mais comum ainda é estender a briga, por mais banal que seja, ao plano cibernético. De fato, muitas tensões e conflitos não resolvidos no plano concreto e presencial se estendem às redes sociais, aos sites de relacionamento e chats de bate-papo, nos quais postagens de fotos e comentários acabam sendo lidos e vistos por um número infinitesimal de pessoas.

A essas situações denomina-se *cyberbullying*: enquanto o *bullying* ocorre no mundo real, concreto, a peculiaridade do *cyberbullying* é que seu cenário ou contexto é o mundo virtual. Mas isso não torna essa violência menos corrosiva.

Recentemente presenciamos um aluno e sua colega, ambos do 4º ano do Ensino Fundamental, queixarem-se à direção da escola o fato de um colega estar lhes irritando e provocando na internet. A diretora surpreendeu-se, ao pedir detalhes, com a naturalidade com que ambos estudantes se referiam à situação, inclusive relacionando as tensões vividas na escola com as postagens do colega nas redes sociais.

Tem-se a internet como espaço que poderia ser construtivo, agindo em seu contrário, criando desfiliações, violências, humilhações, *bullying*. A linguagem da violência via internet – dado o acesso e a agilidade com que se dissemina é gravemente impactante na vida dos sujeitos que são vítimas.

E não se enganem: assim como os alunos, também os professores são vítimas do *cyberbullying*, muitas vezes motivados por vinganças relativas a notas em avaliações ou desacordos ocorridos em sala de aula.

A escola não pode ignorar essa realidade. Mas também não deve responder sozinha a esse fenômeno. Precisa ter os pais como aliados. Afinal, como essas crianças são autorizadas a ter conta em certos sites de relacionamento, a abrir conta de e-mail, a criar um blog em que exibem fotos suas e dos amigos de idade correlata? O que os pais têm a dizer sobre isso? Que entendimento eles têm da repercussão desses acessos nas representações sociais e na consciência de seus filhos?

A precocidade da idade aliada à visão inconsequente de seus atos acaba sendo alvo fácil à ação de estranhos, à imitação anômica de cenas de filmes, seriados e novelas, ou à realização de atos ignóbeis que lhe refiram algum tipo de força ou poder no grupo – partindo da atrofia ou eliminação do poder do(s) outro(s) que se destacam por alguma qualidade ou virtude.

E o resultado disso já se conhece:

> comportamentos estandardizados, desejos homogeneizados, avalanche de informações desenraizadas e desconexas, tendências múltiplas maldefinidas, reações súbitas e inexplicáveis, aceitação de tudo, indiferença para com o outro, permissividades elásticas, falta de fronteiras entre o bem e o mal (NAHUR, apud ALKIMIN, 2011: 64).

Quando o *bullying* alcança o *cyberespaço*, cria-se uma "sociedade imagética e espetacular em que episódios trágicos tornam-se espetáculo de horror" (p. 64).

Compete, portanto, às famílias recompor o vazio ético-moral e repensar seus conceitos de liberdade desvinculada de ética e responsabilidade. Em que pese a lei existente não permitir a responsabilização penal de quem pratica *bullying*, é certo que os pais devem ser então responsabilizados pelos atos de seus filhos. Pois o erro, o mal e a violência não podem ficar impunes. Afinal, essas violências não atacam apenas os sujeitos vitimizados, mas os direitos constitucionais de respeito à vida e à dignidade humana. E, no dizer de Nahur, "devem ser coibidos por um dos segmentos do direito, entre outros, no caso o direito penal" (p. 74).

Com esse entendimento, Nahur comenta que tramita no congresso

> um projeto de lei que considera *bullying* um fenômeno ligado ao aumento da violência. Uma violência que

atinge os mais frágeis, provocando um sentimento de isolamento nas vítimas (NAHUR, 2011: 76).

No texto do projeto de lei proposto, Nahur (2011: 76) chama a atenção sobre cinco aspectos que devem servir de reflexão e posicionamento a pais e educadores, desde já.

1) O *bullying* deve ser considerado crime contra a honra.

2) É compreendido como todo o ato de intimidação de indivíduo ou grupo de indivíduos que, de modo agressivo, intencional e repetitivo, por motivo torpe, provoque dor, angústia ou sofrimento, ofendendo a dignidade da vítima em atividade escolar ou ambiente de ensino.

3) A reprimenda deve ser reforçada quando a intimidação avançar para as vias de fato ou o meio usado ser considerado aviltante.

4) A punição deverá ser mais severa quando a violência atingir a vítima por motivos de raça, etnia, religião, origem ou se tratar de pessoa com deficiência.

Essas questões convidam a um trabalho de valores, mas também sobre a capacidade de todos de pensar e tomar decisões. A razão e a emoção devem "tomar um banho" de ética e de respeito à dignidade humana. E isso compete aos pais e familiares dos estudantes, com a supervisão das equipes da escola, com destaque para o assistente social.

3.8 A questão étnico-racial na escola

> *A prática preconceituosa de raça, de classe, de gênero ofende a substantividade do ser humano e nega radicalmente a democracia* (FREIRE, 1996).

Engana-se quem acredita que a escola seja um lugar neutro, onde a discriminação racial não ocorre. O racismo entra nos espaços educacionais e se instala nas relações humanas, nos processos pedagógicos, e vai avançando na redução dos espaços, das liberdades, da autoestima, até efetivamente excluir o estudante negro, mediante atos contínuos de desigualdade e segregação, como ocorre em outros espaços sociais.

De fato, na educação, apesar do estatuto de direito e igualdade que a rege, os afrodescendentes são constantemente afastados de sua cidadania. Um olhar para as relações escolares, da sala de aula ao pátio, no recreio, espelha essa verdade: em pleno século XXI, seguem as piadas, os apelidos, as comparações, as humilhações e ultrajes segregando e oprimindo o estudante negro. O fato de o educando, geralmente, estar na fase da infância e da adolescência complexifica essa situação e agrava suas consequências. Afinal, é nessa idade que o sujeito em formação busca firmar sua identidade social, sendo a exposição a rechaços e estereotipias, extremamente marcantes e traumáticas, gerando no aluno ou uma necessidade de "sair desse lugar que o discrimina" ou uma atitude de revolta, indignação e rebeldia. Ambas as "respostas", contudo, não trazem benefícios ao estudante negro nem o desviam do caminho da exclusão na escola.

Quando o constrangimento toma os sentimentos e emoções, a tendência é optarem por desistir e afastar-se daquele lugar que lhe trata desigualmente. Tem-se que logo chamará a atenção das autoridades na escola, por conta das faltas acumuladas e sofrerá com os atrasos ou dificuldades nos estudos, podendo até comprometer a finalização da série cursada. Por outro lado, quando se recepciona a discriminação com um sentimento de irritação, com clara percepção da injustiça imposta, muitos estudantes negros optam por "vestir a roupa" enunciada na piada ou ofensa que lhes são dirigidas. Assim, se são chamados de "marginais" ou "sujos", "feios", "maconheiros" ou "bagunceiros", passam a agir dentro desse "personagem" como forma de rebeldia, provocação ou reação.

O problema é que na fase em que estão, esses atos vão se consolidando e criando uma certa identidade "desviante", corroborada nas relações sociais que o cercam. Ou seja: comportar-se como "bagunceiro" ou "drogado" cria nos "outros"[14] uma per-

---

14. Vale observar que, nesses "outros", estão inclusos não apenas os alunos que enunciaram as ofensas, mas todos os alunos, professores e demais segmentos da escola com quem interagem.

cepção, expectativa e ação apropriada àquela representação de si. Muito comum é a aplicação de sanções disciplinares a alunos que têm esse percurso; ou seja, que, ao terem escapado da condição de vítimas de discriminação racial, tornaram-se valentões, não raro praticando *bullying* (na verdade: devolvendo o *bullying* de que foram vítimas).

Lamentavelmente, esses condicionantes acabam reforçando os estigmas e estereótipos relacionados aos negros e, mais que isso, nutrindo as estatísticas do abandono da escola, de repetência escolar, de atraso e de insucesso escolar. Os índices são recorrentes. Segundo dados do IBGE (2010) referentes ao ano de 2009, a taxa de analfabetismo no Brasil diminuiu, passando de 13,3%, em 1999, para 9,7%, em 2009, para o total da população, o que representa ainda um contingente de 14,1 milhões de analfabetos, persistindo as diferenças étnicas, ou seja: os 13,3% dos pretos e os 13,4% dos pardos (que, na verdade, representam um só grupo étnico, os afrodescendentes) representam o dobro da incidência de analfabetismo observado na população branca: 5,9%.

Ainda segundo o IBGE (2010), outro indicador educacional importante é o analfabetismo funcional[15]. Apesar de essa taxa ter diminuído significativamente nos últimos 10 anos, passando de 29,4%, em 1999, para 20,3%, em 2009, o que representa ainda 29,5 milhões de pessoas, mantém-se a diferença entre afrodescendentes (pretos e pardos) e brancos: sendo o analfabetismo funcional, entre pretos e pardos, de 25,4 e 25,7% respectivamente, enquanto atinge apenas 15,0% dos brancos.

Outros dados apresentam informações que, ao longo dos anos, pouco sofreram alterações – sinalizando que esses segmentos requisitam políticas afirmativas mais estruturadas e focalizadas para que saiam dessa realidade. Um deles refere-se

---

15. O analfabetismo funcional refere-se a pessoas de 15 anos ou mais de idade com menos de quatro anos completos de estudo, ou seja, que não concluíram o 5º ano do Ensino Fundamental.

à média de anos de estudo: a população branca de 15 anos ou mais de idade tinha, em 2009, em média, 8,4 anos de estudo, enquanto pretos e pardos, naquele mesmo ano, alcançaram apenas 6,7 anos. Mas atenção para uma curiosidade:

> em 2009, os patamares são superiores aos de 1999 para todos os grupos, mas o nível atingido, tanto pela população de cor preta quanto pela de cor parda, com relação aos anos de estudo, é atualmente inferior àquele alcançado pelos brancos em 1999, que era, em média, 7,0 anos de estudos (IBGE, 2010).

Se no nível básico a realidade é assimétrica, olhando mais à frente, no nível superior – mesmo com as cotas – não surpreende que cerca de 2/3, ou 62,6%, dos estudantes brancos estavam nesse nível de ensino em 2009, contra menos de 1/3, ou seja, 28,2% dos pretos e 31,8% dos pardos. Mas o quadro já foi bem pior: em 1999, eram 33,4% de brancos contra 7,5% de pretos e 8,0% de pardos que cursavam o Ensino Superior.

Imediatamente quando se analisam as estatísticas acima, a primeira impressão é supor uma certa fragilidade ou dificuldade dos estudantes afrodescendentes. Mas essa visão se altera quando se sabe dos condicionantes sociais que as estatísticas traduzem. Ou seja:

> tanto o atraso como o abandono da escola se devem a lacunas do processo educativo, que vão desde a ausência de sua etnia ou cultura específica no material didático utilizado pela escola até a exposição dos alunos afrodescendentes a situações discriminatórias, que, sem contar com a intervenção adequada e protetiva de professores, leva o aluno a desejar afastar-se do lugar que lhe causa tamanho mal-estar (AMARO, 2015: 69).

Por outro lado, não raro, o baixo desempenho e a evasão escolar acionados pela negligência escolar, como fator externo, somam-se ao trabalho infantil (AMARO, 1997a: 45).

Como resultado, a desigualdade nas condições de acesso, permanência e conclusão dos anos escolares reproduz outras exclusões: o negro adulto tem baixo nível de escolaridade e consequentemente encontra dificuldades no acesso a trabalho e renda. Com a diminuição das oportunidades sociais, decai a qualidade de vida do sujeito negro e de sua família, reproduzindo seu itinerário de exclusão.

> As formas de discriminação de qualquer natureza não têm seu nascedouro na escola, porém o racismo, as desigualdades e discriminações correntes na sociedade a perpassam. Para que as instituições de ensino desempenhem a contento o papel de educar, é necessário que se constituam em espaço democrático de produção e divulgação de conhecimentos e de posturas que visam uma sociedade justa. A escola tem papel preponderante na eliminação das discriminações e na emancipação dos grupos discriminados, [cabendo-lhe] proporcionar acesso aos conhecimentos científicos, a registros culturais diferenciados, [...] indispensáveis para a consolidação e concerto das nações com espaços democráticos e igualitários (MEC/SEPPIR, 2004: 14-15).

A força da histórica ação do movimento negro organizado – somada, mais recentemente, a partir da criação do Estatuto da Igualdade Racial e da orgânica ação governamental empreendida em nível federal a partir da articulação entre Ministério da Educação (MEC) e Secretaria de Políticas de Promoção de Igualdade Racial (Seppir), ao reconhecimento da exclusão racial no país e sua representação no cenário educacional – tem desencadeado a articulação de importantes esforços relacionados à notificação e superação das diferentes formas de discriminação racial no ambiente educacional. Esse processo se solidifica com a implementação da nova Lei de Diretrizes e Bases (LDB), de 1996, alterada pela Lei 10.639, de 9 de janeiro de 2003[16], e as diretrizes pluriétnicas que a alicerçam.

---

16. A LDB de 1996, retificada pela Lei 10.639/2003, inclui em seu texto a obrigatoriedade da temática História e Cultura da África, no currículo oficial da rede de ensino pública e particular (cf. art. 26), além de incluir no calendário escolar o dia 20 de novembro como "Dia Nacional da Consciência Negra" (art. 79). Outra referência importante, e que se soma

Nessa direção, parâmetros curriculares e temas transversais ganham diversidade e pluralidade, incluindo a questão racial em sua pauta, com ênfase no conteúdo do livro didático e nas relações sociais protagonizadas.

Esses e outros dispositivos fazem parte de uma série de iniciativas que o governo brasileiro, em nível federal, bem como alguns estados e municípios, têm efetuado e que os especialistas têm denominado "ações afirmativas"[17]. Na escola, as ações afirmativas se voltam a humanizar e dinamizar, na perspectiva da promoção da cidadania, as relações sociais protagonizadas por alunos, professores, funcionários e diversos segmentos da comunidade escolar que nela habitam.

---

a essa legislação, é o Parecer 3/2004, de 10 de março de 2004, do Conselho Nacional de Educação (CNE), o qual segue acompanhado pela Resolução 1, de 17 de junho de 2004, do mesmo Conselho.

17. Por ações afirmativas entende-se qualquer política, ação, dispositivo e/ou mecanismo que vise favorecer grupos socialmente discriminados por motivo de sua raça, religião, sexo, idade ou etnia e que, em decorrência disto, experimentam uma situação desfavorável em relação a outros segmentos sociais. São políticas ou ações, abertamente não universais – porque operam a inclusão através da aplicação do princípio da "discriminação positiva", cuja lógica é "tratar desigualmente, mas de modo facilitador, favorável e includente, os desiguais" – que visam beneficiar de forma diferenciada grupos discriminados de modo a permitir que, em médio e longo prazos, possam alcançar condições econômicas, sociais e culturais mais vantajosas, justas e equânimes. As premissas da ação afirmativa são o reconhecimento de que segmentos historicamente excluídos, por preconceitos arraigados culturalmente, devem receber tratamento diferenciado na promoção da justiça social; dado que sem isso estarão destituídos da efetiva cidadania, preconizada e assegurada constitucionalmente. Cumpre esclarecer que ações afirmativas não são sinônimas de cotas, ou seja, um percentual de vagas a ser preenchido pelo segmento excluído em um dado espaço ou organização social. Tampouco exigem necessariamente a sua adoção. Isso porque englobam outros e mais ampliados mecanismos voltados a estimular a diversidade e o acesso a condições sociais e oportunidades que, dadas as hierarquias raciais instituídas, dificilmente incorporariam ou seriam permeáveis ao sujeito negro. Para maiores informações sobre isso cf. Amaro, 2010, 2015.

Contudo, tratar de ações afirmativas no cenário educacional brasileiro, dado que é, ainda, matéria recente, refere um permanente desafio a sua efetivação. Primeiro porque não temos tradição em políticas sociais afirmativas no Brasil voltadas a esse segmento. Segundo, porque professores de um modo geral ainda se mostram insipientes (ora negligentes, ora temerosos, ora equivocados) no trato da questão racial no cotidiano pedagógico. E, vale destacar, essa limitação não é restrita ao professor branco, pois também o professor negro tem dificuldade em abordar a questão racial na sala de aula, quando a cena preconceituosa ou de discriminação ocorre.

Esse obstáculo deve-se, antes de tudo, à ausência de conteúdo crítico e aprofundado sobre a questão racial na formação profissional e/ou continuada dos professores:

> Daí a necessidade de se insistir e investir para que os professores, além de sólida formação em sua área específica de atuação, recebam formação que os capacite não só a compreender a importância das questões relacionadas à diversidade étnico-racial, mas a lidar positivamente com as mesmas e, sobretudo, criar estratégias pedagógicas que possam auxiliar a reeducá-las (MEC/SEPPIR, 2004: 17).

É preciso que se oriente cada professor para tratar, no conteúdo de suas aulas, da história dos negros no Brasil (para responder efetivamente ao que dispõe a Lei 10.639/03), a fim de dar visibilidade a seu valor e histórica contribuição cultural, bem como a aspectos de sua organização política, desde a escravidão até os dias atuais.

Mas é preciso, antes de tudo, que se convoquem os professores a respeitar e fazer respeitar a legislação que combate o racismo na sociedade (Lei 7.716/89 e Lei 9.459/97), e assim gestar uma nova e equânime relação social, já na própria sala de aula. Isso requer:

> buscar corrigir posturas, atitudes e palavras que impliquem desrespeito e discriminação, tais como [...] ape-

lidos depreciativos, brincadeiras e piadas de mau gosto sugerindo incapacidade, ridicularização de seus traços físicos, da textura de seus cabelos, das religiões de matriz africana [...] e implica criar condições para que os estudantes negros não sejam rejeitados em virtude da cor de sua pele, menosprezados em virtude de seus antepassados terem sido explorados como escravos, não sejam desencorajados de prosseguir nos estudos (MEC/SEPPIR, 2004: 12).

Temos instrumentos que convocam estados e municípios a produzirem tais respostas, mas é preciso que estas efetivamente ganhem concreticidade e vida na escola, e transformem gradativamente as relações raciais também nela, em uma perspectiva afirmativa e inclusiva.

Para que se atinjam tais objetivos, a escola e seus professores não podem improvisar. Há que se criarem novas pedagogias que tenham o combate ao racismo como princípio:

Para empreender a construção dessas pedagogias é fundamental que se desfaçam alguns equívocos. Um deles diz respeito à preocupação de professores em designar ou não seus alunos negros como negros ou como pretos, sem ofensas. Em primeiro lugar, porque ser negro no Brasil não se limita a características físicas, mas a um sentimento de pertença a esse grupo étnico. Ou seja: é uma questão marcadamente política. Nesse processo complexo, é possível, no Brasil, que algumas pessoas de tez clara e traços físicos europeus, em virtude de o pai ou de a mãe ser negro(a) se designem negros, enquanto que outros, dotados de nítidos traços físicos africanos, se digam brancos. Por isso o é quem assim se define. Em segundo lugar, cabe lembrar que "preto" é um dos quesitos utilizados pelo IBGE para classificar, ao lado de outros – branco, pardo, indígena – a cor da população brasileira. Sendo muito comum o uso dessa denominação entre pesquisadores. Contudo, vale esclarecer que tanto os dados relativos a pretos e pardos retratam a categoria "negros", dado que ambos reúnem aqueles que reconhecidamente têm ascendência africana (MEC/SEPPIR, 2004: 15).

Um equívoco recorrente é pensar que o racismo atinge apenas os negros, razão pela qual muitas vezes a escola se exime de abordá-lo a menos que haja aluno negro matriculado ou então delegando a tarefa a professores negros. Assim, para não restarem dúvidas, importa observar que as pedagogias de combate ao racismo precisam voltar-se a todos, negros e não negros, capacitando-os a forjar novas e igualitárias relações étnico-raciais, ou seja:

> devem ter como objetivo fortalecer entre os negros e despertar entre os brancos a consciência negra. Entre os negros, poderão oferecer conhecimentos e segurança para se orgulharem da sua origem africana; para os brancos, poderão permitir que identifiquem as influências, a contribuição, a participação e a importância da história e cultura dos negros no seu jeito de ser e viver [...] (MEC/SEPPIR, 2004: 16-17).

Tudo começa com o ato consciente de declarar um sonoro "não" a práticas discriminatórias de toda a ordem. Isso inclui não fazer uso, nem aceitar que façam, de estereótipos para adjetivar falhas ou dificuldades dos alunos negros (AMARO, 1997).

Mas há que fazer mais que isso. É preciso que se invista na ampla capacitação de professores. Tendo em vista as novas requisições apresentadas ao professor, a saber: o deciframento do mundo afrodescendente, sua inclusão no repertório dos conteúdos e discursos apresentados ao educando e o manejo de situações relacionais referentes a embates étnicos, entendemos que uma política de capacitação permanente, na forma de reuniões, oficinas ou encontro(s) de sensibilização para professores seja um caminho promissor e efetivo de mudança cultural e social.

Nessa direção, prioritariamente professores de Ensino Fundamental e aqueles que desempenham funções de supervisores, orientadores educacionais, diretores e gestores municipais requerem uma especial atenção. Afinal, em sua condição e ofício, todos esses são responsáveis por promover a efetivação de estratégias de inclusão no ambiente escolar e, quando isso não ocorre, articular esforços na superação das dificuldades.

Nos espaços de formação, cumpre, portanto, assessorar o professor para que atue em favor da pluralidade étnica e contra a discriminação racial, em suas diferentes manifestações no cenário educacional. Mas, talvez, o primeiro e mais importante trabalho formativo a ser empreendido deva ser focalizar em atividades de capacitação social do professor, auxiliando em sua própria superação de referências estereotipadas relativas à identidade social, cultural e histórica dos indivíduos negros; evitando assim a reprodução da desigualdade racial no processo pedagógico.

3.9 A questão social das meninas: sexualização precoce e gravidez na adolescência

O avanço tecnológico, industrial e das ciências médicas, consagrou uma qualidade de vida, de um modo geral, inimaginável há cerca de um século. As sociedades evoluíram na esteira do desenvolvimento das diferentes áreas de conhecimento e, nesse compasso, foram sendo tecidas as regras de convivência, leis e pactos sociais, que hoje temos em cada nação e entre as nações. O homem foi à Lua e tem sido um constante viajante no espaço em busca do conhecimento interplanetário; descobriu-se energias renováveis; pode-se prever eventos climáticos; aprendeu-se a edificar casas com recursos sustentáveis; tem-se vencido várias endemias; produziu-se fármacos para doenças das mais diversas; aprendeu-se até formas de manipular o DNA humano; realizar cirurgias minimamente invasivas, curar bebês, enquanto ainda estão no útero materno.

O ser humano, incrível em todos esses e outros tantos atos, contudo, ainda não aprendeu a respeitar e a amar, o gênero que lhe trouxe à luz e nessa matéria segue ainda na era medieval.

Em todo o mundo, as mulheres são persistentemente expostas à violência, vivenciando situações cada vez mais aviltantes, humilhantes, desumanas e cruéis.

Os dados não deixam dúvidas:

> Em nível mundial, até 38% dos assassinatos de mulheres são executados [...]. O estupro e a violência conjugal representam para uma mulher de 15 a 44 anos um risco maior que o câncer, os acidentes de trânsito, a guerra e o paludismo somados [...]. Quase um quarto das meninas no mundo de 15 a 19 anos (o equivalente a 70 milhões de adolescentes) relatou ser ou ter sido vítima de alguma forma de violência física desde os 15 anos de idade. Cerca de 120 milhões de mulheres de menos de 20 anos (uma a cada dez mulheres) sofreram relações sexuais forçadas; e uma a cada três adolescentes de 15 a 19 anos e casada (84 milhões) foi vítima de violência emocional, física ou sexual por parte do seu marido ou do seu companheiro. Os dados também indicam que, em alguns países, até sete a cada dez adolescentes de 15 a 19 anos que foram vítimas de violência física e/ou sexual nunca procuraram ajuda; muitas afirmaram que não pensavam que se tratava de violência e que não consideravam isso como sendo um problema. Mais de 700 milhões de mulheres atualmente vivas no mundo foram casadas antes dos 18 anos. Mais de uma a cada três (o correspondente a 250 milhões) foram casadas antes dos 15 anos (DURAND, 2016: 64-65).

Segundo relatório da Assembleia Geral da ONU (2015), a violência contra as mulheres se acimenta às relações por motivações culturais, de cunho machista e sexista, atinge a todas as mulheres, independentemente da idade, do *status* socioprofissional e econômico, do nível de educação; podendo ser favorecidas ou até mesmo aceitas, conforme aspectos socioculturais de cada sociedade.

Nesse mundo assombrado pela erupção de cenas e crimes de violência contra mulheres, as meninas da escola merecem um olhar especial. Sobretudo quando se considera uma particularidade: a adultização e sexualização precoce das meninas, e com isso a cronificação de sua vulnerabilidade e exposição à violência.

Nos ambientes escolares, pode-se visualizar essa "transmutação". São meninas, de idades cada vez mais precoces, que recortam camisetas e saias do uniforme escolar visando parecer "atraentes", "*sexies*" e "*fashions*". Intencionalmente usam roupas cada vez mais curtas, para mostrar o corpo e assim serem desejadas. Desejam ser identificadas como pequenas mulheres, na forma de vestuário, modo de ser, caminhar, agir e falar. Vivem o cerimonial de uma metamorfose e, nesse cenário, protagonizam uma violência sutil contra si próprias: a confusão entre quem verdadeiramente são e o que parecem ser. Nesse cerimonial, "as roupas, as ornamentações, os gestos, as vozes, os movimentos [...] servem não à moda [...] mas a um concerto de subjetividade, [...] no fundo, a um desejo de indiferenciação" (BAUDRILLARD, 1991: 146-148, passim).

Não parecem mais ser as meninas de sua idade. Nem mocinhas. Parecem mesmo mulheres em miniatura. Chega certo ponto que já não é mais apenas o modo de vestir ou andar, mas a sua identidade como tal, que vai sendo redefinida, de acordo com o personagem. Mudam os interesses, as prioridades, os gostos. Passam a frequentar outros grupos ou tribos sociais, de idades maiores que as suas.

Dados da realização de cirurgias plásticas em adolescentes do sexo feminino explicitam essa realidade (SBCP, 2016):

> O número de cirurgias plásticas em adolescentes entre 14 e 18 anos mais do que dobrou em quatro anos – saltou de 37.740 procedimentos em 2008 para 91.100 em 2012 (141% a mais), segundo dados da Sociedade Brasileira de Cirurgia Plástica (SBCP). No mesmo período, o número total de plásticas em adultos subiu 38,6% (saindo de 591.260 para 819.900 procedimentos) – o que significa que as cirurgias no público jovem cresceram em um ritmo 3,5 vezes maior. Além de estar num crescimento acelerado, a participação de jovens no total de cirurgias (911 mil procedimentos), também cresceu: saltou de 6% em 2008 para 10% em 2012.

Agem assim, desejosas de chamar a atenção do sexo masculino, sem perceber que seu comportamento reafirma sua submissão como objeto da relação. Seguem o mesmo itinerário de outras milhares de mulheres, que, com medo de serem abandonadas ou ficarem sem parceiro – na linguagem simbólica, temendo não serem mais desejadas –, se submetem e cedem às vontades masculinas, seja iniciando precocemente sua vida sexual, seja aceitando ter relações sexuais desprotegidas, isto é, sem o uso de preservativo.

Essa cultura não surge de repente, tampouco é uma resposta construída individualmente, mas é socialmente fabricada. Decorre de uma história social da sexualidade, perpetuada por gerações, na qual os homens são orientados a dominar as mulheres, a "pegar a força", a não aceitar "não" como resposta, enquanto as mulheres são ensinadas a "atender" aos desejos e caprichos masculinos, sob pena de ficarem sós ou parecerem indesejáveis.

Não percebem os pais e mães que essa desidentificação não apenas aproxima essas meninas de modelos, experiências e expectativas sociais de um mundo adultocêntrico, mas as coloca diretamente em risco, expostas a interesses de exploradores, pedófilos e estupradores, inclusive no ciberespaço.

Alguns indicadores sociais registram as consequências dessa realidade. Conforme os registros do Ministério da Saúde (BRASIL, 2012), foram atendidos em 2011, no Brasil, 10.425 crianças e adolescentes vítimas de violência sexual, a grande maioria do sexo feminino (83%), sendo confirmados em 21,8% dos casos atendidos na faixa de 1 a 4 anos de idade, *30,3% na faixa de 5 a 14 anos, e em 28,3% na faixa de 10-14 anos*[18].

Na maioria desses casos, segundo Waiselfisz (2012: 72-73, passim):

> o agressor era amigo ou conhecido da criança ou da família, especialmente dos 5-9 (33,3%) e 10-14 anos (30,9%) de idade das vítimas [...]. Enquanto desconhecidos configuram a segunda categoria individual por

---

18. Grifo nosso.

ordem de relevância, com 17% de frequência, com grande incidência dos 15 aos 19 anos, indicados em 44% dos atendimentos.

Essa realidade precipita a exposição de meninas a uma gravidez precoce e ao contágio de DSTs, HPV e ao vírus HIV, acarretando sérios danos à sua saúde e fertilidade, além dos agravos psicossociais associados à condição de ser vitimizada e/ou mãe adolescente.

Segundo o Relatório Situação da População Mundial 2013, do Fundo de População das Nações Unidas (Unfpa), que teve como título *Maternidade precoce: enfrentando o desafio da gravidez na adolescência*:

a) todos os dias, nos países em desenvolvimento, 20 mil meninas com menos de 18 anos dão à luz e 200 morrem em decorrência de complicações da gravidez ou parto;

b) em todo o mundo, 7,3 milhões de adolescentes se tornam mães a cada ano, das quais 2 milhões são menores de 15 anos (a maioria decorrente de violência sexual) – número que pode aumentar para 3 milhões até 2030, se a tendência atual for mantida;

c) anualmente, acontecem até 3,2 milhões de abortos inseguros em países em desenvolvimento envolvendo adolescentes de 15 a 19 anos.

O amplo acesso à informação e à tecnologia (sobretudo quando desprovido do acompanhamento/orientação dos pais) tem agravado essa situação de risco. Em meio à viral participação em redes sociais, portando celulares conectados à internet, meninas, regidas por certa inocência (associada à sua real idade), postam fotos, trocam informações, conversam e até flertam com estranhos (seus "amigos virtuais"), de quem pouco ou nada sabem em nível concreto.

A escola não pode ficar alheia a essa realidade. Segundo a nova Lei de Diretrizes e Bases da Educação Nacional (LDB), de 1996, as escolas devem ser abertamente protagonistas na educação sexual, ao indicar que: "Nos parâmetros curriculares nacionais, elaborados pelo Ministério da Educação, os conteúdos de sexualidade e saúde reprodutiva, [...] ética, orientação sexual [...], devem ser tratados de forma transversal, isto é, poderão ser abordados em qualquer momento e por todas as disciplinas" (ARRUDA & CAVASIN, 2000: 14).

Tem-se o entendimento de que:

> a sexualidade não se limita aos órgãos genitais e não se exprime apenas na intimidade. Influencia todos os nossos comportamentos e se desenvolve em todos os espaços onde vivemos. Uma educação à sexualidade também é uma educação à vida em sociedade. Ela é política (DURAND, 2016: 64).

Nessa perspectiva recomenda-se a promoção de atividades de prevenção, dentro de uma agenda de educação e saúde na escola, voltadas a capacitar as meninas para agir na gestão de conflitos e processos de negociação envolvidos nas diferentes situações de sua sexualidade, ensinando a fazer valer a sua vontade e o seu direito, mas sobretudo a sua dignidade, vida e saúde.

Em vista disso, Arruda e Cavasin sugerem:

> informar as alunas e os alunos corretamente sobre o que se sabe sobre o tema em questão, tendo sempre a ciência como aliada; criar um clima favorável para que os alunos possam colocar suas dúvidas sem constrangimentos; esclarecer essas dúvidas; incentivar os jovens a falar sobre o que pensam e sentem, sem se exporem; desmitificar crenças, tabus e preconceitos que existem sobre os diferentes aspectos da sexualidade; provocar uma reflexão crítica sobre os valores de nossa sociedade, especialmente sobre as relações hierárquicas de gênero; despertar a necessidade de se estabelecer relações igualitárias entre as pessoas (ARRUDA & CAVASIN, 2000: 19).

Esse duplo direcionamento justifica-se. Afinal, de um lado tem-se as meninas, principalmente na puberdade e adolescência, massificadas, identificando-se com esse estado febril de adultização e sexualização precoce posto em circulação; imitando personagens de novelas ou filmes e traços da vida de celebridades, sem saber que isso acarreta, ainda que por teatralidade, uma *performance* de adulto e, nessa condição, a exposição a riscos.

E, de outro, tem-se os meninos, acompanhando a formação sexista e machista que atravessa gerações e imitando os modelos erráticos dos segmentos masculinos de sua convivência (entre os quais se incluem seus professores e as figuras masculinas de sua família e comunidade) protagonizando (assistindo, executando, filmando, postando nas redes sociais, achando "divertido") cenas de meninas sendo ofendidas, humilhadas, abusadas e torturadas.

Realizar essa tarefa, contudo, não é fácil. A começar luta-se contra o tabu relacionado ao tema e à recorrente atitude evasiva de pais, professores e, inclusive, de gestores em pautar o assunto na escola. Depois, parte-se ao enfrentamento dos desafios associados à escolha metodológica e ao modo de tratar de um tema tão importante e, ao mesmo tempo, tão espinhoso.

Mais de duas décadas de trabalho social em escolas, realizando ações nesse enfoque, nos permitem afirmar que

> operar na desconstrução de tabus e atitudes a ele correlatas, por tudo que representam de antipedagógico, faz parte do trabalho educativo a edificar [...]. Por tudo que implica de mudança em conceitos, valores, sentimentos e atitudes, fazer prevenção em DST/Aids exige do educador em saúde, não só conhecimento do assunto que pretende abordar, mas desenvoltura, habilidade comunicacional, versatilidade e muita criatividade [...]. As habituais e enfadonhas palestras devem ceder lugar a outras formas de comunicação e ação educativa. Isso requer que se antecipem mudanças importantes nas atitudes do educador em saúde, convertido em facilitador [...]. O tema sexualidade deve ser tratado com respeito e ao mesmo tempo sem preconceito. Deve-se cuidar para que aspectos sutis da comunicação oral ou gestual não venham a reproduzir expressões e mitos cercados de farpas morais. Os apelidos associados a pênis e vagina, portanto, devem ser abandonados – salvo quando os participantes os mencionem. Piadas e representações

> gráficas distorcidas ou assombradoras também acabam gerando efeito contrário, pouco ou nada acrescentando de conteúdo pedagógico. Perguntas devem ser respondidas sem ironizações, investindo no diálogo e reflexão dos participantes. Partir das experiências concretas, mediante comentários, relatos e perguntas dos alunos é, além de válido, bastante importante a sua problematização, contribuindo no desmantelamento de mitos e engodos que vão se cristalizando em torno da questão (AMARO, 2016).

Em vista disso, a metodologia que apresenta melhores resultados, e pela qual nos guiamos (e por isso recomendamos), segue a linha problematizadora-construtivista, orientada pelo pensamento de Paulo Freire, em que a leitura e tomada de posição no mundo atravessa obrigatoriamente a realidade cotidiana das interações e vivências de cada sujeito nesse mundo, em diálogo e interação com as construções de outros sujeitos com quem convive (as professoras, os professores, as mães, os pais, as colegas, os colegas, os amigos, as amigas, as namoradas, os namorados...).

Assim, importa trazer à luz que interações são essas, como elas se organizam e como respondemos a elas. Arruda e Cavasin (2000) recomendam que as estratégias pedagógicas, dentro dessa metodologia, devem ser lúdicas e criativas, para facilitar a participação, criar o interesse e possibilitar um clima de confiança que permita que a aluna aceite e viva o processo de conhecimento sobre o assunto. As mesmas autoras indicam aos profissionais que usam tal metodologia que optem por dinâmicas de grupo, oficinas, jogos educativos, estudos de casos, dramatizações e atividades similares, dado que produzem melhor resultado.

Complementarmente, sugerimos que se associe a prevenção a uma direção mais política, na linha do empoderamento:

> Em lugar do aterrorizamento, o esclarecimento. Em lugar de ameaçar, educar e ensinar. Em lugar de informar, numa perspectiva transmissiva, formar, na perspectiva de "promover sua reflexão". Em lugar de dirigir

e comandar mudanças de comportamento, orientar decisões autônomas e conscientes. Em lugar de "falar", desenhar, brincar. Em lugar de focalizar em mensagens que falam do que "se perde", demonstrar isso fazendo sentir o que se pode ganhar (AMARO, 2004: 6).

Com essa compreensão, em certas escolas, já se promovem *oficinas para meninas* (a partir do 4º ano do Ensino Fundamental), favorecendo inclusive, com base na confiança estabelecida com o profissional[19], que situações de violência sexual saiam do silenciamento e que se rompa com o ciclo abusivo.

Enquanto em outras, além de oficinas para meninas, também se realizam *oficinas para os meninos*, com o entendimento de que o gênero masculino também precisa ser reeducado para que haja convergência de valores, afetos e atitudes, impactando positivamente nas relações de gênero atuais e do futuro.

Tem-se claro também que essas atividades ocorrem na escola, mas não ficam ali encarceradas. A proposta emancipatória entranhada em toda a formação alcança as meninas que frequentam as oficinas e suas irmãs, amigas, vizinhas... Alcança os meninos e altera suas relações com as meninas de sua escola, mas também com outras mulheres, suas professoras, suas mães, suas avós, suas tias e suas namoradas, noivas e esposas.

Ao orientar a mulher, hoje menina, a agir em defesa da autoproteção, da sua vida e da sua saúde, a estamos empoderando para priorizar sua dignidade e individualidade. E, obviamente, ao fazê-lo se vai além: rompe-se com culturas machistas, submissoras e opressoras de mulheres e se estabelece novos padrões sociais, de sorte mais humanizados e afetivos, para compor novos desenhos de socialidade.

---

19. Apesar de usarmos o nome da profissão no gênero masculino, nesse caso recomenda-se que esse trabalho seja realizado por profissionais femininos, pois a figura masculina por projeção pode dificultar o estabelecimento de confiança e, assim, não servir ao objetivo.

IV
FUNDAMENTOS E PROCESSOS POTENCIAIS

1 Visão crítica, razão aberta e criatividade metodológica

Houve um tempo em que a neutralidade (impossível) era considerada uma opção. E em meio ao auge do movimento de reconceituação do final da década de 60 do século passado, descobriu-se que essa visão não passava de mais um simulacro ideológico para afastar a crítica e o objetivo de transformação do projeto do Serviço Social.

Passados mais de 40 anos desse processo, ancorados no pensamento de tradição marxista, sabe-se que a política é inerente ao "ser" e a crítica integra o processo dialético por meio do qual os sujeitos se apropriam do conhecimento sobre si próprios, seu contexto social e sua história no mundo.

Ou seja, a crítica é uma condição inegociável, dado que encontra-se geneticamente vinculada à gênese do ser humano e ao modo como ele se organiza e vive no mundo social.

Sobretudo em uma profissão como o Serviço Social, que atua no campo das relações sociais e que tem a questão social como matéria-prima de seu trabalho, a crítica não é uma opção. Nunca foi, na verdade. A crítica acompanha a ética e o projeto político da profissão, e no compasso que estes se dirigem à construção de uma sociedade assentada na justiça social, na igualdade de direitos e na luta por cidadania, **ser crítico é condição ocupacional do trabalho no Serviço Social.**

Não há *status*, superioridade ou traço de intelectualidade em ser crítico. Simplesmente porque o profissional precisa sê-lo para exercer com competência seu trabalho na contemporaneidade. O terreno social, em sua diversidade e organicidade, exige capacidade investigativa, visão aberta e o rompimento com posturas e visões tradicionais. Não há como atender a isso, estando-se emaranhado em uma teia marcada por pensamentos, valores e atitudes ultrapassadas, reprodutivistas ou que negam a direção política de suas ações.

Afinal, **a crítica não é uma ideia, mas é ação em sua plenitude**.

Ou seja: não se restringe a uma verbalização ou argumento vocalizado, mas tem profundidade e se organiza, como bem recorda Foucault, enquanto "discurso" – o qual nunca é superficial nem simplificadamente verbal.

Dizendo de outro modo: **o discurso é politicamente acentuado**. Ou seja: não existe nenhum discurso neutro, desinteressado, sem direção política (poder). Ao falar ou a agir o sujeito emite, elabora, constrói uma formação discursiva que diz quem ele é, suas preferências, interesses, propósitos, sonhos, medos, expectativas, contradições. Assim, o discurso tem história, constrói e é construído pelo sujeito e se materializa nas relações sociais.

Dizendo isso, fica mais claro reafirmar que ser crítico não coaduna com a mera, superficial e estéril reprodução de discursos políticos. Afinal, o falar se revela no "agir" ou nele expõe sua contradição.

Como bem recorda Paulo Freire:

> A questão de coerência entre a opção proclamada e a prática é uma das exigências que educadores críticos se fazem a si mesmos. É que sabem muito bem que não é o discurso o que ajuíza a prática, mas a prática que ajuíza o discurso (FREIRE, 1987: 29).

Como diz o autor em várias passagens de sua obra, ao se adotar a opção transformadora o profissional assume-se enquanto sujeito político e crítico que percebe a inviabilidade de uma ação neutra e afasta-se de propostas massificadoras, autoritárias, messiânicas ou tuteladoras, assim como de uma visão salvacionista ingênua ou elitista.

Diante disso, ser crítico implica:

> quebrar a arrogância dos metadiscursos, [...] estimular a curiosidade, acionar a máquina da desconfiança, multiplicar as perguntas, sonhar sempre com novas verdades, combater as verdades injustas, superar a disseminação secular de modelos mutiladores (SILVA, apud CASTRO, 2002: 101).

Os principais desafios gravitam em torno do que temos chamado dos três "C"s: consciência, coerência e competência.

Consciência no agir; em oposição à falsa consciência ou à ação alienada/alienadora, orientada pelo claro propósito de superar os fetichismos e a reprodução acrítica de modelos persistentemente impostos ao trabalho profissional.

Coerência com a direção crítico-transformadora adotada internacionalmente pela profissão: sem subjugar-se a modos de ser reificados, conformistas, conservadores e excludentes, nem escudar-se na indiferença, fatalismo ou apatia diante das injustiças sociais.

E **competência** para compor estratégias profissionais que, alinhadas à direção sociopolítica da profissão, possam efetivamente repercutir em experiências que impactem em direitos ampliados, superações, resistências e justiças, contribuindo para a renovação do tecido social.

Em ambientes escolares esses desafios refletem a imperiosa necessidade de compor estratégias profissionais capazes de acompanhar a dialética da escola e atender às suas demandas.

Mas como se viu nos capítulos anteriores, dada a especificidade da escola e de seus processos, nem sempre funciona a simples e usual reprodução de métodos e técnicas profissionais. Faleiros sobre isso alerta:

> O processo de ação ou intervenção profissional não se modeliza num conjunto de passos preestabelecidos [...] exigindo uma profunda capacidade teórica para estabelecer os pressupostos da ação, uma capacidade analítica para entender e explicar as particularidades das conjunturas e situações, uma capacidade de propor alternativas com a participação dos sujeitos na intrincada trama em que se correlacionam (FALEIROS, 2006: 65).

Dizendo de outro modo, atuar na (intensa, movente, dialética, dinâmica, contraditória e complexa) realidade das escolas exige um pouco mais do assistente social: **além de ser dotado de crítica, requisita ter uma razão aberta à dialógica e à interdisciplinaridade, e ter a capacidade de renovar-se**, de colocar-se em movimento, de inovar sempre, mudar rotinas, enfim, recriar o trabalho profissional na escola.

Esse caminho, por ser muitas vezes compassado por rupturas com práticas já cristalizadas nem sempre agrada os interesses hegemônicos e mais conservadores, criando, além de desconfortos, também alguns embates.

Afinal:

> Experimentar situações novas [...] envolve risco e consequentemente traz incertezas e inseguranças. Aparece (rá) então o nosso lado conservador pedindo para voltarmos àquelas experiências onde nos sentimos "melhores" ou mais bem-comportados [...]. Resistir a essa tensão é fundamental, mas ainda temos de fazer dela algo criativo, dinâmico e crítico (BRITO & FREIRE, 1987: 65).

A materialização da crítica e da direção política – emancipada e emancipatória – do trabalho profissional diz respeito, portanto, à reinvenção criativa de metodologias, projetos sociais e respostas profissionais, bem como à orquestração de estratégias renovadas capazes de revitalizar as relações sociais na escola.

Contribuem nessa direção reciclar modos de enfrentamento da realidade social a partir da socialização de experiências com outros profissionais, da atualização profissional e do constante exercício de reflexão e ação; assim como de descrição e análise do que se faz e da avaliação processual dos resultados da ação profissional.

2 Promoção de processos inclusivistas e democráticos nos ambientes escolares

> *A inclusão está intimamente ligada à questão da justiça social. E esta, por sua vez, "está ligada à base normativa da educação e ao posicionamento ético no modo como se pensa e atua na escola"* (ESTÊVÃO, 2001: 81).

Apesar de contraditório, o melhor caminho para se defender a igualdade e a inclusão social na escola é reconhecer que as condições geralmente postas tendem a ser desiguais e podem ser absurdamente excludentes. Ou seja: reconhecer que a escola revela-se um campo em que a experiência de encontro social também sedia a exposição a preconceitos, exclusões e desigualdades diversas.

Exatamente por isso, importa ver, como nos alerta Estêvão (2001), "como a justiça e as desigualdades no seio da escola são vividas na experiência escolar dos alunos e [como] atravessam suas percepções de bem-estar, convivialidade, qualidade humana, mobilização ou inibição de seus poderes" (ESTÊVÃO, 2001: 98).

Diante disso, promover uma ordem justa na escola supõe avançar (cf. SANTOS, apud ESTÊVÃO, 2001: 88) na construção de relações baseadas na igualdade, na participação democrática e nos direitos humanos, "possibilitando o combate ativo à desumanização encoberta na linguagem e na estruturação da própria sociedade ou ainda a todas as formas de exclusão, ainda que mascaradas" (p. 88). Abrir-se a essa vivência democrática, envolve adesão consciente, participação ativa nos processos, colaboração e engajamento. E fazê-lo refere uma série de ultrapassagens individuais a orquestrar, no aprendizado da tomada de posição, no exercício da autocrítica, na abertura à experiência coletiva e cooperativa, na promoção de relações igualitárias.

Segundo Michel Maffesoli (1991), querer que a democracia tenha um sentido real depende do modo como iremos responder às constantes mudanças da nossa realidade social e seus problemas existentes. E é bom lembrar que a democracia não se torna viva senão na medida em que ela corresponde, no sentido forte do termo, ao que é exercido na vida cotidiana. Isso implica :

> De um lado, restaurar a democracia, refortalecer as instituições, refazer os laços sociais desfeitos e, do outro, reinventar, repensar ou pensar [...] a democracia no amplo e tenso espaço de sua legitimidade (PORTELLA, 1991: 6).

É chegada hora de darmos oportunidade aos segmentos sociais invisíveis, esquecidos e negligenciados de manifestarem a sua vontade, o seu "saber" e seu valor, contribuindo à superação das dificuldades sociais que sofrem e que impedem o seu desenvolvimento. Formar, ativar ou apoiar a organização de iniciativas, processos e ações que reflitam as diversidades sociais, étnicas, culturais e democratizem as relações sociais que ocorrem no âmbito escolar devem estar no horizonte do assistente social escolar.

Criar caminhos e acessos que favoreçam o resgate da vez e voz dos excluídos, especialmente no ambiente escolar, também. Mas o mais importante é que tudo que for pensado e proposto seja original e "brote" da necessidade e realidade de cada comunidade escolar específica, para que o que venha a ser construído seja obra sua, verdadeiro fruto da criação coletiva.

Freire (1996) alerta que escolas democráticas se constroem a partir de atitudes movidas por sujeitos democráticos. Diz ele:

A autoridade coerentemente democrática, fundando-se na certeza da importância, quer de si mesma, quer da liberdade dos educandos para a construção de um clima de real disciplina, jamais minimiza a liberdade. Pelo contrário, aposta nela. Empenha-se em desafiá-la sempre e sempre; jamais vê, na rebeldia da liberdade, um sinal de deterioração da ordem. A autoridade coerentemente democrática está convicta de que a disciplina verdadeira não existe na estagnação, no silêncio dos silenciados, mas no alvoroço dos inquietos, na dúvida que instiga, na esperança que desperta.

Essa conduta deflagra no educando o desejo de exercer sua liberdade e de ampliá-la. De tal modo que irá sentir-se mais realizado no compasso que estiver mais livre, e "tão mais livre quanto mais eticamente vá assumindo a responsabilidade de suas ações" (FREIRE, 1996: 56).

Nesse sentido, a democracia na escola perpassa a "clarificação de valores, a resolução negociada de conflitos, a orientação democrática das políticas disciplinares, a discussão de problemas públicos na sala de aula, o multiculturalismo, a questão dos direitos de avaliação, a distribuição de responsabilidades na alocação de recursos, a igualdade de acesso, a participação nos diversos níveis de decisão" (STARRATT, apud ESTÊVÃO, 2001: 88).

Em algumas escolas essas sementes já foram plantadas e já estão dando frutos. São experiências como conselhos escolares legítimos e atuantes; conselhos de classe participativos (em que alunos têm vez e voz); Grêmios Estudantis e Conselhos de Pais e Mestres que participam efetivamente das decisões gerais da escola; jornadas pedagógicas (de formação docente) que preconizam temas dirigidos à melhoria das condições de aprendizagem dos alunos e à qualificação dos professores.

Escolas assim conduzidas identificam-se em atitudes civicamente responsáveis, éticas e solidárias, e efetivamente vivenciam um clima social escolar construtivo que favorece tanto o desenvolvimento escolar, pedagógico, como o saudável contívio social, repercutindo no aprimoramento pessoal e social de todos os sujeitos em interação.

3 O diálogo como gerador de mudanças

> *Parece-me interessante sublinhar, característico de uma visão crítica da educação [...] é a necessidade que temos de viver na prática o reconhecimento óbvio de que nenhum de nós está só no mundo. Cada um de nós é um ser no mundo, com o mundo e com os outros. Viver ou encarnar esta constatação evidente [...] significa reconhecer nos outros – não importa se alfabetizandos ou participantes de cursos universitários; se alunos de escolas [...] ou se membros de uma assembleia popular – o direito de dizer a sua palavra* (FREIRE, 1987: 30).

Se somos regidos por uma visão democrática de escola, e somos praticantes dessa visão, faz parte de nosso entendimento e práxis que todos devem ter direito a dizer a sua palavra, sejam eles alunos, professores, pais ou gestores.

> Direito deles de falar a que corresponde o nosso dever de escutá-los. De escutá-los corretamente, com a convicção de quem cumpre um dever e não com a malícia de quem faz um favor [...]. Mas como escutar implica falar também, ao dever de escutá-los corresponde o direito que igualmente temos de falar a eles. Escutá-los no sentido acima referido é, no fundo, *falar com eles*[20], enquanto simplesmente falar a eles seria uma forma de não ouvi-los. Dizer-lhes sempre a nossa palavra, sem jamais nos expormos e nos oferecermos a eles, arrogantemente convencidos de que estamos aqui para salvá-los, é uma boa maneira que temos de afirmar nosso elitismo, sempre autoritário. Este não pode ser o modo de atuar de uma [...] opção libertadora (FREIRE, 1987: 30).

A abordagem dialogal não é uma simples fonte de informação, mas um caminho para chegar, a partir do interior, a uma

---

20. Grifo do autor.

compreensão e a uma realização mais profundas do outro e de si mesmo (CETRANS, 2002: 87).

Dialogar, ao contrário do que muitos pensam, não é "apenas" falar. É outra coisa. É conversar. O que significa e implica a presença ativa de um "outro". E é também escutar. O que significa a presença de intervalos alternados de "silêncios", em que um fala e o outro escuta, interessado e curioso no que ouve, "tagarelando" na mente uma série de pensamentos, ideias e imagens efervescentes a partir dessa interação.

Nessa perspectiva, o profissional crítico e democrático, por essência, desenvolve a maneira sensível e atenta de escutar, perceber e compreender, bem como se empenha em buscar consistência, atualidade e coerência em suas afirmações e explicações acerca da realidade social.

Maturana (2001) parte da etimologia da palavra "conversar" (que vem da união de duas raízes latinas: *cum*, que quer dizer "com", e *versare*, que quer dizer "dar voltas com" o outro) para introduzir o convite à reflexão sobre a natureza essencial das conversações:

> é nosso emocionar que determina como nos movemos em nossas conversações através de diferentes domínios de ações. Ao mesmo tempo, devido ao entrelaçamento consensual de nosso emocionar com nosso linguajar, nossas conversações determinam o fluxo do nosso emocionar (MATURANA, 2001: 277).

Como a função da linguagem é essencialmente comunicativa, a palavra falada, mesmo que pronunciada por um indivíduo, é construída relacionalmente, ou seja: existe na intersubjetividade, no diálogo entre dois seres, que interagem, agem e se comunicam dinâmica e dialeticamente. Assim, tanto as emoções como as circunstâncias, no meio escolar, condicionam o modo como subjetivamente cada um dialoga com o seu interlocutor, e orientam o conteúdo (valorativo, social e cultural) da conversação desenvolvida.

Maturana (2001: 280-284) organizou uma tipologia de conversações, relacionadas ao conteúdo, que consideramos útil partilhar aqui. Tratam-se do que ele denomina de "classes de conversações", a saber:

a) *Conversações do tipo pergunta-resposta* – os diálogos são limitados a esse padrão comunicacional: o ouvinte restringe-se a responder quando perguntado.

b) *Conversações de queixas, culpabilizações e/ou pedido de desculpas por acordos não mantidos* – os diálogos são baseados em queixas, cobranças e justificativas.

c) *Conversações de queixas por expectativas não preenchidas ou de promessas não cumpridas e que sequer foram feitas* – os diálogos são tonalizados por um sentimento mútuo de insatisfação, cobranças e acusações: "o falante percebe o ouvinte como sendo desonesto ou não tendo cumprido uma promessa, e o ouvinte percebe que está sendo acusado de não cumprir uma promessa que ele ou ela sequer fez" (MATURANA, 2001: 283).

d) *Conversações de desejo e expectativas* – nas quais os interlocutores têm sua atenção voltada à descrição de um futuro ou propósito, em lugar de concentrar seus argumentos e interesses no vivido no presente.

e) *Conversações de mando e obediência* – os diálogos reproduzem a negação mútua ou situações de confronto ou conflito existente entre um ou mais interlocutores, manifestos pela obediência de alguns, que atendem ao pedido ou ordem de outros (mesmo que contra sua vontade) e o comando de outros, investidos em uma condição de mando e superioridade.

f) *Conversações de caracterizações, atribuições e avaliações* – os discursos e diálogos são tonalizados por descrições, opiniões, elogios e comentários valorativos ou depreciativos que são comunicados por um interlocutor sobre o outro e que geram sentimentos de rejeição, satisfação, frustração ou irritabilidade, conforme o caso.

g) *Conversações de coinspiração* – os diálogos manifestam o desejo de um empreendimento comum a realizar. Essas conversações "se fundam no respeito mútuo e conferem dignidade aos participantes, bem como liberdade para ações responsáveis" (MATURANA, 2001: 283).

Com efeito, a observação das diferentes conversações no cotidiano escolar – pluriacentuadas de valores, dogmas, interesses e expectativas – permite ao assistente social compreender as necessidades, os antagonismos, as convergências; enfim, a dinâmica das relações sociais que ocorrem na escola. Emaranhar-se nessa dialógica e estabelecer com ela um encontro intersubjetivo permite ao profissional "fazer parte" e "caminhar junto" com a comunidade escolar, com os alunos e com os professores, despido de hierarquias e verticalidades. Essa abertura fortalece o pertencimento do profissional na escola, o compartilhamento de esforços e a sua efetiva contribuição na superação das dificuldades dos sujeitos que ali convivem.

O importante é sempre ter em mente que o papel do assistente social não é "dar voz" aos silenciados ou oprimidos na escola, mas compor processos que permitam potenciá-los para refletir sobre sua vida, interesses, intenções obstáculos e capacidades, tendo sempre em conta contexto em que se inserem, mas também o horizonte buscado, rumo à mudança de sua situação.

Em vista disso, defendemos que, dialogicamente guiado e orientado pela democracia e valores libertários, deve o profissional buscar contribuir à ruptura com práticas moralizadoras, centralizadoras e autoritárias que ainda mantêm-se nos ambientes escolares.

Afinal, se temos a consciência de que certa realidade precisa ser mudada, para que atinja outros padrões de desenvolvimento e organização, é necessário que nos demos conta que não se trata de enfrentar situações, fornecendo respostas "prontas", sempre parciais, aos problemas que atormentam as comunidades, mas sim organizar um processo de criação coletiva, de ideias que servem ao coletivo.

Em reforço a isso, Ferraroti (apud POIRIER, 1995) sugere que deve trabalhar-se para compor uma história "de baixo para cima", dando ênfase aos dominados e à mobilização de suas capacidades, nos rumos da recuperação de sua valorização, visibilidade e direitos.

Nesse caminho, não há lugar para o *fazer vertical*, de caráter invasivo[21] – com foco na unilateral transmissividade de saberes e no aculturamento da comunidade –, mas apenas para o *fazer horizontal* de caráter interativo e dialógico – com foco na plural troca e complementaridade dos saberes, em que todos ensinam e todos aprendem. Isso implica, segundo Freire (2001), a adoção da dialogicidade, como orientação metodológica, a qual supõe:

> a problematização dos homens em suas relações com o mundo, possibilitando que aprofundem sua tomada de consciência da realidade na qual e com a qual estão (FREIRE, 2001: 33).

Na esteira dessa cultura dialógica, nutrem-se de humanização as relações escolares à medida que se propõem, promovem e vivenciam o poder transformador da ética, da solidariedade e da igualdade, único caminho para transmutar vulnerabilidades em potencialidades.

Nessa direção, ao profissional cumpre esclarecer e demonstrar, em meio aos processos desenvolvidos, que a superação do cotidiano decorre da ação individual dos sujeitos, mas se enriquece e amplia quando conta com a força da coletividade constituída.

Nesse sentido, a interrogação repetitiva, assim como os cansativos monólogos – que referem as conversações mais elementares, conservadoras e autoritárias –, devem ceder lugar a

---

21. Freire (2001) dedica boa parte de seu texto à discussão da interface da extensão com práticas invasivas, messiânicas, manipuladoras e assistencialistas. O tenso e fecundo debate do autor focaliza na crítica à invasão cultural da ação extensionista na comunidade em que as pessoas são convertidas em objetos, subjugadas ao silenciamento e conformismo diante do conhecimento verticalmente "depositado" pela equipe.

uma verdadeira dialógica "aberta, curiosa, indagadora e não apassivada, enquanto fala ou enquanto ouve" (FREIRE, 1996).

Tal vivência refere:

> um diálogo envolvente que permite trazer para a discussão [...] os assuntos e as noções de mundo, de região, da comunidade que circunda a escola [...] a escola ganha então um lugar dentro do projeto político que você vive em cidade [...] [protagoniza-se assim] uma educação formadora de uma cultura pedagógica politizada (SAUL, 1990: 56).

Assim conduzida, a experiência do diálogo, no compasso da democracia, representa em cada sujeito ao mesmo tempo libertação e afirmação. Libertação de medos, mitos, estereótipos e "lugares" sociais atribuídos. Afirmação de direitos, de relações sociais balizadas pela ética e igualdade de condições, de respeito à diversidade e de um efetivo clima de paz na escola.

Quando a escola assume-se como fonte de aprendizagens e potencialidades, agindo com flexibilidade e de forma contextualizada face às situações difíceis, imprevistas e complexas, e segue seu trajeto dedicada a formar cidadãos críticos e criativos, não há dúvidas: estamos diante de uma escola reflexiva.

A escola reflexiva pensa-se e organiza-se para desempenhar a missão de educar para a mudança. Esse tipo de escola assenta-se na preservação de valores culturais e no desenvolvimento de atitudes humanistas, condizentes com conceitos de liberdade, respeito à diversidade, inclusão e de bem-estar. Cada ato educativo, nesse sentido, constitui-se como uma oportunidade na qual todos ensinam e aprendem com todos, dando corpo à vivência humanizada e à cidadania plena (SANTOS, 2007: 54-55, passim).

A representação de uma escola reflexiva, essencialmente dialógica, portanto, pressupõe professores, alunos, pais, funcionários e profissionais também reflexivos, ou seja, dotados de competências e capacidade de mobilização para colocar os currículos, o regimento escolar, o projeto político-pedagógico da escola, assim como outros elementos, a serviço de suas reais necessidades de saber e de desenvolvimento.

4 Promoção da participação da família e da comunidade na escola

> *A participação é uma palavra-chave na política educativa* (LIMA, 1998: 180).

A escola como instituição social é constituída por uma diversidade de segmentos, dentre os quais se destacam os professores, os alunos, os dirigentes ou gestores, os funcionários e profissionais que nela atuam, os familiares (pais ou responsáveis dos alunos e demais parentes), a comunidade do bairro, os egressos da escola e as organizações sociais que mantêm com esta alguma relação de parceria.

Essa grande "rede social" não apenas perpassa e habita a escola, mas, mais que isso, dá vida a ela. Por essa razão é impensável desconectar a vida de cada pessoa que convive na escola da "vida da escola". Sim, porque o oxigênio da escola são as vivências, as expectativas, os valores e os sonhos que cada um traz e socializa.

Dizendo de outro modo: uma escola afastada da comunicação, convivência, diálogo e "troca" cultural com sua comunidade é uma escola destinada ao fracasso, enquanto organização social.

Criar canais criativos e críticos que viabilizem a aproximação recíproca da família com a escola representa um grande desafio social. Esse panorama coloca a participação[22] como me-

---

22. Mas Díaz Bordenave (1984: 30-33) alerta: *existem vários tipos e graus de participação. Entre os tipos, cita: participação de fato, espontânea, voluntária, provocada, dirigida, manipulada ou concedida. Entre os graus, estão: informação, consulta facultativa, consulta obrigatória, cogestão, delegação, autogestão.* Enquanto processo, sobretudo nos graus mais elevados (cogestão, delega-

canismo essencial para revelar, qualificar e potenciar o encontro da escola com a vida de sua comunidade.

Assim considerando, é cada vez mais importante e necessário o fortalecimento das relações entre a família dos alunos, suas comunidades de referência e a escola. Díaz Bordenave (1984) assinala que "a participação é mais genuína e produtiva quando o grupo conhece bem a si mesmo e se mantém bem informado sobre o que acontece dentro e fora de si [...]. Isso implica um contínuo processo de criação de conhecimento pelo grupo, tanto sobre si mesmo como sobre seu ambiente" (DÍAZ BORDENAVE, 1984: 50).

A construção desse processo, em uma visão ecológica, tem início em uma relação "diática", ou seja, quando "um" presta atenção no "outro" vai-se formulando um certo interesse, preocupação ou identificação com o "outro" até avançar gradualmente para a composição de ações de apoio ou partilha, que têm por essência a troca, a reciprocidade, o diálogo e a construção colaborativa.

Evidentemente, assim matrizada, a participação que se edifica – e que defendemos – difere de todo o processo que se resume a "solicitar a ajuda" pontual e sem vínculo social, político ou afetivo. Nesse caso, quando professores ou gestores simplesmente "chamam" a família para uma reunião ou para colaborar financeiramente na aquisição de algo não se trata de participação[23].

ção e autogestão), a participação tem a característica de ser meio e fim; ou seja, conforme Demo (1988), supõe um exercício democrático que gera mediatamente resultados no mesmo compasso em que se realiza. Uma das conquistas é a qualidade política que se imprime na consciência de cada sujeito, e se manifesta em sua capacidade de autopromoção e empoderamento.

23. É muito comum nas escolas realizar-se gincanas ou atividades sociais voltadas a gerar recursos com a intenção direta em viabilizar a compra de algum material ou o conserto de equipamentos ou problemas físicos nas instalações na escola.

Igualmente quando os professores "chamam" a família à escola para tratar pontualmente de situações curriculares ou disciplinares relativas aos alunos, também não se está retratando uma experiência de participação. Afinal, via de regra, essa comunicação entre pais e escola, mediada pelos professores, precisa ser realizada tendo em conta o desenvolvimento escolar dos alunos.

Diante disso, urge que a escola redefina seu conceito de participação e construa mecanismos eficientes de comunicação e gestão com as famílias. Nessa perspectiva, não basta comunicar as decisões arbitrariamente tomadas, é necessário que se aprenda a compartilhar o processo decisório, democraticamente. E isso só se constrói através de uma perspectiva verdadeiramente dialógica:

> Reuniões sistemáticas de avaliação e planejamento das atividades executadas pelas escola, grupos organizados como CPMs e Conselhos Escolares são alguns espaços potencialmente fecundos para consagrar este encontro dialógico de pais, alunos, professores e direções de escola (AMARO et al., 1997: 47).

Tem-se, portanto, um panorama propício à participação e efetiva aproximação e ação colaborativa entre escola, família e comunidade, quando reconhece-se que cada um destes segmentos ou grupos sociais cresce melhor quando age em comunhão de esforços e desenvolve uma ativa representação nos processos decisórios sobre o processo educativo dos alunos e a vida na escola como um todo.

Apesar de o ser humano ser essencialmente "social", nem sempre "abrir-se" à participação lhe é fácil. Ao contrário, a participação apresenta-se como um desafio tanto aos indivíduos – acostumados a serem segmentados, isolados e colocarem-se em posição de competição e individualismo nas relações que constituem – como para a escola, historicamente habituada e engessada em uma burocracia disfarçada de "rotina", que cria limitações temporais, culturais e de transformação nos processos sociais que mediatiza.

Romper com essa "programação" e aceitar mudar a relação escola-comunidade, significa mudar a própria escola, no compasso em que exige de todos (diretores, professores, pais, lideranças comunitárias) vontade e iniciativa para reestruturar suas relações, abrindo-se à afetividade, à união, ao diálogo crítico e reflexivo, ancorado no respeito mútuo e na cooperação social[24].

Compreende uma agenda caracterizada pela:

> Eticidade, envolvendo grupos e pessoas instituintes, o que implica a ideia de movimento, do respeito às individualidades e às diferenças – inclusive ideológicas. Estamos falando de uma participação também complexa, não estática, mais dinâmica, centrada em princípios e em convivência e não apenas em regimentos e normas, tão comuns nas instituições educativas (PADILHA, 2004: 283).

Santos (2007) alerta que para agir nessa direção as práticas devem ser revestidas de intencionalidade:

> A abertura à comunidade local significa mudar a relação entre dois polos, que têm também de mudar internamente. Uma efetiva mudança de práticas deverá corresponder a um alargamento do âmbito da intervenção educativa, em termos de espaços, de tempos e de atores sociais envolvidos, com repercussões na [democratização] das relações de poder e nas relações com o saber no interior da escola (SANTOS, 2007: 56).

Quando escolas e comunidades trabalham juntas, partilham responsabilidades, pactuam sua participação ativa na educação (individual e coletiva) dos alunos e no desenvolvimento destes, essa relação resulta em uma escola interessante, criativa, de qualidade.

---

24. Em nosso livro *Serviço Social na Educação* (2012), apresentamos propostas para atuar nessa perspectiva. Dentre estas (p. 128-138) destacamos o "Dia da Comunidade na Escola" (mas que poderia chamar-se o "Dia da Família na Escola").

A abertura e relação entre elas definem-se pela natureza (coletiva, dinâmica e dialética, visando à mudança e à melhora do "todo" para "todos") e pela a frequência (regular, constante) de suas interações, bem como pela qualidade dialogal e a atuação/representação equânime nos processos decisórios e não apenas nas atividades meramente executivas.

Escolas com esse perfil relacional, ou seja, que valorizam a convivência com os familiares dos alunos e demais segmentos da comunidade escolar ou do bairro, enfrentam melhor suas dificuldades, criam estratégias e alternativas mais exitosas para intensificar a frequência e o rendimento escolar dos alunos, resultando em um clima favorável ao aprendizado, ao desenvolvimento pessoal e social dos alunos e ao sucesso escolar.

Tudo porque a base é a união de esforços e a partilha de responsabilidades, decisões e ações, em que todos são pensantes, criadores, criativos e agentes de mudança, independentemente de sua idade, etnia, cultura, nível de escolaridade ou religião.

Assim, pode-se reconhecer a legítima participação quando têm-se ações derivadas de processos coletivos e cooperativos, regidos pela democracia e a liberdade. A participação autêntica enseja e aprimora os processos dialógicos, construtivos e colaborativos, assegura que a escola e os processos socioeducativos que desenvolve sejam efetivamente fecundos e potencializadores de competências humanas e relações sociais humanizadas.

Uma experiência válida para exemplificar como se pode viver a cultura participativa na escola é a construção ou reavaliação do projeto político-pedagógico escolar:

> ao defini-lo como um processo de mudança e de antecipação do futuro que estabelece princípios, diretrizes e propostas de ação para melhor organizar, sistematizar e significar as atividades desenvolvidas pela escola como um todo, [...] caracteriza uma construção ativa e participativa dos diversos segmentos escolares [...] e ao desenvolvê-lo as pessoas ressignificam as suas experiências, reconhecem as suas diferenças, mantêm e

> ao mesmo tempo transcendem a sua cultura [...], vivenciam conflitos e aprendem com eles, refletem as suas práticas, resgatam, reafirmam e atualizam seus valores na troca com os valores das outras pessoas, dão sentido aos seus projetos individuais e coletivos, reafirmam suas identidades, estabelecem novas relações de convivência e indicam um horizonte de novos caminhos, possibilidades e propostas de ação (PADILHA, 2004: 289).

Nessa perspectiva, o envolvimento das famílias na escola e com a escola revela-se uma forma de aprofundar a sociedade democrática, rejeitando a visão determinista e passiva de educação, transformando-a em um espaço eficientemente participativo em que se partilham problemas e constroem colaborativamente soluções.

Nessa direção, todos têm papéis específicos a ocupar e a cumprir. Aos professores cumpre operar mudanças no modo como interagem com os alunos e com a realidade dos alunos, bem como persistentemente buscar novas e mais criativas metodologias para ensinar e, mais que isso, educar. Complementarmente:

> à escola compete criar condições e um novo modo de fazer educação; às famílias recomenda-se que, na medida do possível, colaborem na vida da escola, conhecendo e participando do desenvolvimento de seu projeto educativo ou do projeto curricular da turma, acompanhando regularmente o percurso escolar dos educandos, seus filhos. Da comunidade, esperam-se intervenções e cruzamento de influências que possam gerar dinâmicas sociais e culturais, traduzindo a escola como uma agência cultural à disposição da comunidade escolar (SANTOS, 2007: 101).

5 Promover a emancipação e o empoderamento dos indivíduos

> *enquanto microcosmo da sociedade, na escola habitam todas as questões sociais e suas manifestações, muitas delas ainda na semeadura, permi-*

> *tindo que se construam abordagens de caráter preventivo, fazendo frente ao agravamento da questão social e de suas consequências* (AMARO, 2013: 69).

A pobreza, a discriminação e a exclusão social são processos que desgastam as esperanças e as potências dos indivíduos. Trata-se de um processo silencioso que vai minando as resistências, fragilizando as forças e a crença na mudança. A solidão, a amargura e a descoletivização são a face desse sujeito "desempoderado". Isso ocorre tanto com alunos como com professores.

O compromisso principal do trabalho do Serviço Social educacional é promover tanto o autodesenvolvimento como a liberdade, desencadeando em cada sujeito um processo de autodescoberta e autossustentação criativa.

No dizer de Freire, trata-se de superar a solidão da insatisfação, nutrir a indignação e converter

> posturas rebeldes, em posturas revolucionárias que nos engajam no processo radical de transformação do mundo. A rebeldia é ponto de partida indispensável, é deflagração da justa ira, mas não é suficiente. A rebeldia enquanto denúncia precisa de se alongar até uma posição mais radical e crítica, a revolucionária, fundamentalmente anunciadora. A mudança do mundo implica a dialetização entre a denúncia da situação desumanizante e o anúncio de sua superação, no fundo, o nosso sonho (FREIRE, 1996: 78).

Tudo começa com a criação de oportunidades para que possam gerar suas próprias problematizações, referências e alternativas de ação transformadora no meio social onde vivem. Mas o importante é que esse caminho seja realmente calcado na autonomia de pensar e agir, ou seja, deve-se incentivar e patrocinar que as ideias e enfrentamentos emirjam da própria comunidade.

Deriva dessa direção a criação de espaços, oportunidades, projetos e processos voltados à expressão e ao desenvolvimento da cidadania de todos os segmentos da comunidade escolar, a saber, estudantes, professores, gestores, funcionários, pais, egressos e colaboradores.

Na verdade, acreditamos que as pessoas que ainda não adquiriram um senso crítico da sua realidade e se veem incapazes de mudar a sua realidade precisam ser incentivadas para lutar por melhores condições de vida. Acreditamos que um indivíduo consciente do seu papel enquanto ser componente de um grupo ou classe social é um sujeito que reúne mais condições para enfrentar as dificuldades que vierem e dentro das suas condições materiais tende a desenvolver estratégias de sobrevivência mais efetivas.

Nesse sentido, é preciso resgatar o potencial humano que está sufocado pela pobreza, exclusão, medo e submissão e construir um novo "ser" social. Assim, se nos dispomos a superar as questões sociais que adentram na educação, ou mais precisamente no ambiente escolar, precisamos, processualmente, conscientizar, humanizar e mobilizar os grupos ou indivíduos socialmente mais vulneráveis, em benefício de si próprios e da coletividade escolar – dado que com a autoestima restaurada as tensões e dificuldades de caráter relacional no geral acabam sendo superadas ou reduzidas. Fazer com que emirjam da própria comunidade não apenas as alternativas que irão nortear os primeiros passos da transformação e da qualificação das relações sociais, mas principalmente contribuir ao empoderamento e à criação de um novo sujeito social, partícipe, atuante e cooperativo, produtor de si mesmo e de sua cidadania na sociedade em que habita.

E a conscientização é o motor desse processo emancipador e emancipatório – em que os indivíduos refletem, analisam, propõem, criticam e agem, exercendo seu potencial enquanto sujeitos construtores de sua história – e também que se revela um importante processo autogestionário de revolução, de ruptura com o assujeitamento e a subserviência.

As pessoas aprendem a ver que têm poder e saber e que são elas mesmas as melhores lideranças que têm. Também descobrem que não estão sós, nem na sua dor, nem na sua luta. E, assim, cada um no seu ritmo e jeito próprio vai aprendendo a gerar suas novas e efetivas "liberdades". Esse aprendizado funciona como força motriz de toda biografia do indivíduo, sedimentando tudo o que se almeja realizar, seja a alfabetização, seja a organização da cooperativa ou mesmo a aquisição do novo emprego.

Finalmente, autopromoção e autonomização, enquanto processo e resultado se manifestam/constroem mediante o(a):

- fortalecimento dos laços comunitários e da identidade social coletiva;

- valorização e fortalecimento do saber popular, a partir da demonstração de seu domínio cultural, social, criativo e estratégico;

- circulação de informações, tanto culturais como sociais entre os diferentes segmentos e entidades da comunidade;

- vivência participativa pelo compartilhamento de experiências, percepções e interesses oportunizados;

- protagonismo ativo voltado à sua autopromoção e autonomização mediante a participação no projeto;

- exercício da cidadania em sua plenitude a partir do momento em que a pessoa aceita o convite para observar criticamente sua situação social, prospecta alternativas à sua superação e se reapropria de sua capacidade crítica, planificadora e autogestionária.

Diante disso, pode-se dizer que autonomização e emancipação, no compasso em que promovem a superação de dificuldade e o resgate da cidadania dos sujeitos, referem um processo essencialmente político, ou seja, em que poder pessoal e insubordinação política estão imbricados.

Entender como isso funciona é importante, principalmente porque referem-se ao núcleo dos casos que são geralmente encaminhados ao Serviço Social escolar ou educacional, os quais retratam situações de vulnerabilidade, risco, precarização, exclusão ou violência, que de algum modo obstaculizam sua cidadania.

Solomon (apud LEE, 1994) assinala que a relação de poder opressora impõe obstáculos indiretos (avaliações negativas internalizadas, incorporadas) e diretos (a ação diretamente "aplicada" por algum agente social ou institucional) ao poder de cada indivíduo.

A mudança desse contexto relacional requer uma abordagem que trabalhe na (re)composição dos mesmos elementos que são "diminuídos" do indivíduo. Ou seja, na linha do empoderamento trabalha-se tanto na "maximização" da potencialidade do indivíduo (competências, habilidades, ética e cidadania) como na "redução" de suas vulnerabilidades (medos, preconceitos, traumas e intolerâncias).

Assim, desenvolver resistências, autoajuda, ativismo individual, recusar o abuso, reunir coragem para revelá-lo, desenvolver o reconhecimento da injustiça/opressão, indignar-se e lutar por revertê-la, enfim, sobreviver ao abuso é empoderar!

Ora, consciência crítica e conhecimento da opressão são poder:

> A transformação ocorre à medida que as pessoas são empoderadas através da conscientização para ver alternativas. Transformação é uma visão de mudança social, bem como um processo e consequência de liberação da opressão. Requer esforço e revolta contra a injustiça e desumanização (MANCOSKE & HUZEKER, apud LEE, 1994).

Apesar de a expressão, por definição, referir-se ao ato ou efeito de "dar poder ou autoridade, habilitar, tornar capaz, permitir" (LEE, 1994), é importante assinalar que o empoderamento, de fato, não funciona nesse "fluxo" de poder tutelado, em que um dá e outro recebe – o que seria tão somente a manutenção da redução do poder individual.

Simon (apud LEE, 1994) frisa que o "empoderamento" é, por assim dizer, uma atividade reflexiva, um processo capaz de ser iniciado e mantido só por quem procura poder e autodeterminação. O processo de empoderamento reside na pessoa e não em um agente externo.

De fato, as pessoas podem e devem controlar a si próprias e ao seu ambiente social para atingir seu empoderamento, com vistas à sua realização enquanto sujeitos. A mudança que se sinaliza exige um esforço especial do seu autor:

> Pretender que a mudança social se realize sem esforços intensos de pessoas oprimidas é pretender uma utopia, pretender que pessoas oprimidas façam esse esforço sem mudarem a si próprios – recusar opressão, realizar potencialidades e lutar ativamente por seus direitos – é negar os efeitos da opressão na vida do sujeito oprimido (LEE, 1994).

Lee (1994) associa esse processo à pedagogia do oprimido, de Paulo Freire, visto que se refere a um processo pedagógico em que a situação e seu próprio enfrentamento "ensinam" o indivíduo a lutar e vencer os obstáculos que lhe forem apresentados.

Mas isso requer um acompanhamento profissional qualificado para apoiar essa complexa ultrapassagem. Acreditamos que o Serviço Social tem algo a contribuir nesse sentido. Cooper (apud LEE, 1994) descreveu o Serviço Social como uma profissão dissidente a serviço da mudança societal, no compasso em que se engaja num conjunto de atividades voltadas a reduzir a falta de poder e promover a distribuição equitativa de direitos, atenções e representações nos espaços decisórios.

No compasso em que vão sendo tecidos os argumentos, discursos e vivências associados a essa visão emancipatória, qualificam-se e humanizam-se as relações sociais no interior da escola em uma espiral que vai dialeticamente reconfigurando sua relação com sua comunidade e com outros setores da sociedade.

Nesse sentido, compete à escola redescobrir-se e revelar-se como entidade emancipatória, isto é, lugar educacional em cujas mediações sociais, políticas e culturais se promove e enseja a edificação de sujeitos éticos, críticos e justos.

> Assim direcionada, a base pedagógica reprograma-se para ensinar democracia e autonomia, redistribuindo poderes, reconfigurando as relações no interior das escolas e reforçando as solidariedades horizontais (ESTEVÃO, 2001: 75).

Na escola, portanto, empoderamento coaduna com protagonismo juvenil, e mantém uma estreita relação com a prática decisória, a participação social, a cultura democrática (de respeito a direitos e deveres) e, por associação, uma gestão escolar e transparente.

Sabe-se, contudo, que essa nem sempre é a realidade que encontramos na maioria das escolas. Atuar na perspectiva de resgatar a democracia, a justiça social, a inclusão e o respeito à diversidade, compondo um clima propício ao empoderamento equitativo de todos na escola, é um dos principais desafios e ao mesmo tempo luzes que se apresentam ao assistente social nas escolas. Isso implica compor práticas voltadas não só a alunos, mas também a professores e equipes de gestão escolar. Assim, no compasso em que se promovem ações "voltadas a desenvolver apoios, ajuda mútua, resistências e ativismo individual, a partir do fortalecimento da autoestima e do poder pessoal também se proporcionam experiências vivazes à consolidação da cidadania" (AMARO, 2012: 99).

Esse processo beneficia a todos os envolvidos, cria um clima social pacifista e contribui para o desenvolvimento humano-social de todos na escola, dado que se baseia na ética, na valorização mútua e na realização, tanto individual como coletiva.

Nunca é demais lembrar que essa renovação da escola e de suas relações internas na direção da paz e da cidadania é uma prática que tem de ser exemplificada, demonstrada. A coerência dos professores e gestores nesse sentido é imprescindível para a afirmação dessa direção social.

Quando os alunos são orientados a compreender e a aceitar suas particularidades, aprendem também a respeitar tanto as suas limitações/potencialidades como as dos demais com quem se relacionam. Ao mesmo tempo, fica mais fácil assumir e potencializar qualidades, talentos e habilidades, dando-lhes valor e oportunidade de expressão.

Segundo Ezequiel Ander-Egg (1987), muitas vezes é no caminho lúdico e sociocultural que a pedagogia participativa e o aprendizado da cidadania surgem e se edificam.

> Atividades aparentemente recreativas e culturais como a realização de uma *gincana* ou um *concurso de desenho, ou mesmo a participação em um desfile* podem revelar-se importantes estratégias de superação de medos, posturas discriminatórias e contribuir à reversão de situações excludentes enraizadas em relações e rotinas da escola, como também podem ensejar vivências como o diálogo, a reflexão e a livre-expressão, tão fundamentais à construção de uma atitude e autoimagem cidadãs (AMARO, 2012: 130).

Em outras palavras, quando se promovem situações e eventos de distinção e de prestígio escolar[25], possibilita-se que a valorização e a autoestima se potencializem, vindo a repercutir

---

25. Em nosso livro *Serviço Social na educação* (2012) dedicamos uma parte a descrição de atividades que realizamos nesse sentido, apresentando desde sua proposta (no formato de projeto para colaborar com os profissionais iniciantes nesse campo) até seus resultados (como parâmetros e metas para saber como realmente a atividade impacta na vida das pessoas e nas relações escolares). Essas atividades podem ser propostas em atenção a demandas diversas: redução da violência na escola, prevenção do uso de drogas ou melhoria do rendimento escolar e promoção da frequência na escola. Mas o certo é que, quando conduzidas tendo o empoderamento como objetivo e perspectiva, fazem-se importantes e marcantes contribuições à recuperação da autoestima das pessoas, à melhoria da convivência na escola e à valorização de sentimentos e atitudes solidárias e pacifistas.

favoravelmente no empoderamento do aluno (tanto individualmente como de seus pares), beneficiando as relações sociais na escola como um todo.

São boas práticas nessa direção: a criação de uma rádio escolar, de um grupo de dança, do grêmio estudantil, de um grupo de escoteiros e, até mesmo, de uma equipe escolar de ações de combate à dengue na comunidade.

Igualmente, são incrivelmente férteis as atividades criativas e artístico-culturais, na forma de concursos literários (poesias, crônicas...) apresentações teatrais e de dança (sempre abrigando diferentes estilos, eruditos e populares). Recomenda-se também valorizar e apoiar a participação dos alunos em feiras de ciências e competições escolares, como campeonatos de soletrar e olimpíadas matemáticas, além de campeonatos desportivos.

Processos como estes impactam diretamente na superação de desigualdades, estigmas, discriminações e poderes instituídos[26], abrindo para novas relações, visões, canais dialógicos e um amplo universo de possibilidades de ser e realizar-se como sujeito dentro e fora da escola.

6 Desenvolver e promover vivências transdisciplinares e transculturais na escola

> *Nenhuma cultura constitui um lugar privilegiado a partir do qual se pode julgar outras culturas* (CETRANS, 2002: 68).

A escola é pura diversidade. Nela habitam, vivem e convivem sujeitos "originais, únicos, diferentes uns dos outros, e, sob alguns aspectos, também semelhantes" (PADILHA, 2004: 202),

---

26. Afinal o primeiro lugar do concurso de poesia pode ser conquistado pelo aluno mais bagunceiro da turma ou pelo mais tímido. Assim como a única menina negra da turma pode ser destaque nacional na Olimpíada Matemática.

os quais trazem para dentro da escola valores e experiências atravessados por múltiplas referências culturais.

Essa condição enriquece a escola e, ao mesmo tempo, a desafia a "reconhecer e dar visibilidade a todos esses sujeitos, respeitando suas identidades, características físicas, intelectuais, emocionais, profissionais, bem como suas características étnicas, religiosas, sexuais e linguísticas" (PADILHA, 2004: 202).

A globalização, as migrações, os intercâmbios, a expansão do cinema e a internet intensificam essa efervescência cultural. Mas esse processo de abertura para "o outro" e sua bagagem cultural não é fácil de se compor. Inicialmente porque essas mesmas características ou diferenciais que representam manifestos da potencialidade humana, no contexto relacional, ensejam não apenas relações de complementaridade, mas também tensões, conflitos e obstáculos. De fato, o problema da questão cultural está, segundo Padilha (2004: 202, passim), "na dificuldade de desenraizarmos algumas certezas que muitas vezes firmam identidades culturais rígidas", erguendo verdadeiros muros nas relações com os outros.

De um lado, luta-se com as certezas cristalizadas e a intolerância ainda arraigada à civilização contemporânea. De outro, luta-se com a falta de orientações, exemplos e perspectivas norteadoras que possam iluminar esse caminho.

É recente a abertura da escola para a diversidade e bagagem cultural dos alunos e da comunidade. Afinal, historicamente, nutriu-se a ideia de uma escola "enformadora" e não formadora, isto é, destinada a enquadrar e adaptar os alunos ao que a sociedade deles espera.

E só a partir da metade do século passado que se passa a romper com esse modelo e a planificar outra proposta, emancipada e emancipadora de escola.

Os primeiros passos críticos nessa direção propunham dialogar e respeitar o outro e sua cultura, integrando-o de alguma forma na agenda da escola. Passou-se a conceber a escola em um clima multicultural, baseado no reconhecimento de que não existem apenas um ponto de vista, uma resposta e uma cultura, mas diversas possibilidades e culturas em relação às quais a escola não deveria, aprioristicamente, "se fechar":

> A multi ou pluridisciplinaridade caracteriza-se pela relação de justaposição de conteúdos de disciplinas heterogêneas ou integração de conteúdos numa disciplina, alcançando a integração de métodos, teorias ou conhecimentos (SAMPAIO, apud AMARO et al., 1997b: 37).

Contudo essa aparição da cultura do outro, por vezes guardada apenas em passagens do livro didático, não chegava a alterar o roteiro programático da escola como um todo. Ou seja, não chegou a impactar nas relações nem trouxe alterações substanciais no currículo ou no cotidiano escolar – seguindo a mesma agenda cultural de antes, leia-se com as mesmas focalizações e priorizações, apenas integrando aqui ou ali aspectos isolados de outras culturas. Apenas reconhecia-se que existia a diversidade e ponto. Não se promovia a comunicação entre as culturas, não se falava em troca cultural.

Além disso, o fato de conservar as mesmas hierarquizações (valorizando mais algumas culturas em detrimento de outras) também não ajudava. Como exemplo tem-se a questão da religião na escola persistentemente centrada na Igreja Católica, sendo recorrentemente a principal, senão a única, representação religiosa presente nas festividades, aulas e na simbologia espiritual disseminada – recorde-se o quadro de Jesus Cristo ou de uma cruz na parede (geralmente acima do quadro de giz) nas salas de aula de muitas escolas, confessionais ou não, públicas ou privadas, em todo o país.

A fabricação da invisibilidade das outras culturas na escola, pelo fato de contrastar com o transbordamento da diversidade no meio social, criou divisas e indicou os primeiros sinais de problema. Afinal, pelo fato de nutrir convenções que afastavam ou ignoravam outras culturas era expressamente ofensivo, arrogante e autoritário.

No compasso que os "outros" continuavam sendo "outros" e não "nós", rusgas, atritos e confrontos passaram a ser construídos. Mais muros e divisórias foram erguidos.

Criou-se uma incomunicabilidade adicional à ausência de comunicabilidade já existente. Mas isso serviu para uma revelação: descobriu-se que era essa a fragilidade da visão multicultural.

Passa-se a perceber que o respeito à diversidade e à verdadeira abertura para o "outro" implicam a criação de outras aberturas, como canais de comunicação, reciprocidades, trocas e diálogos entre as diferentes culturas e histórias de vidas que habitam a escola, trazidas por alunos, professores, funcionários e suas comunidades de referência.

Tem início a era da visão intercultural, acompanhando a valorização da interdisciplinaridade nos diferentes campos de conhecimento em que a relação, a reciprocidade e a dialógica são tonalizados:

> A interdisciplinaridade não implica apenas na noção de integração ou inter-relação entre as disciplinas. Sua pretensão vai mais longe em termos da superação da prática multidisciplinar. Pressupõe uma opção de co-propriedade, de mutualidade, pela intensidade das trocas entre disciplinas, e tem por base o diálogo, o respeito e o envolvimento (AMARO et al., 1997b: 36-38, passim).

O clima da intercultura e da interdisciplinaridade efetivamente conferiu um novo, aberto e emancipado rumo à vida na escola: não mais se nutrem preconceitos, autoritarismos ou injustiças sociais. Em lugar disso promove-se experiências inclusivistas, "formando as pessoas, em vez de enformá-las ou formatá-las" (PADILHA, 2004: 41).

Uma escola assim orientada "pressupõe a formação de cidadãs e cidadãos no cotidiano escolar regidos por um clima de respeito e de diálogo, em que todos aprendem e ensinam em comunhão, em comunidade" (PADILHA, 2004: 84).

Isso repercute na construção de uma:

> nova relação entre alunos e professores, mediada pela melhoria da qualidade de ensino, da aprendizagem e da formação humana, seja nos aspectos dos conhecimentos aprendidos e produzidos, seja no que se refere ao exercício pleno de cidadania ou, ainda, seja no que se refere ao estabelecimento de relações humanas solidárias, éticas, voltadas para uma educação da cultura de paz e da sustentabilidade (PADILHA, 2004: 84).

Nessa perspectiva, "todos", vivendo em plenitude sua igualdade de direitos, passam a ser reconhecidamente "visíveis" e as atividades da escola passam a representá-los, a pedir sua representação.

A agenda cultural da escola deixa de se resumir as etnias predominantes ou hegemônicas na localidade em que se situa, e passa a contemplar uma ampla, diversa e global visão cultural. Os alunos passam a ser preparados para conviver com o outro, para respeitá-lo como igual em valor, e para ter curiosidade ante o novo, o diferente o inusitado.

Conhecimento de lugares, festas ou feiras típicas, bem como gastronomia e culinária, assim como valores, costumes, vestuário e paisagens culturais passam a ser assunto de atividades educacionais dentro e fora da escola.

Somos defensoras dessa proposta. Principalmente pelo que ela representa de expansão no terreno social na regência de seus princípios de interatividade e complementaridade. Mas, após anos vivendo o clima intercultural, percebe-se que ele não é o fim da história e que se pode ainda dar mais um passo na abertura cultural na escola.

Os primeiros sinais de desconforto com a intercultura começam assim a surgir, como se diante da sociedade contemporânea ele já tivesse ficado obsoleto: Por que preciso reservar-me apenas a aproximar-me do outro, por que não posso "ser com ele"? Por que percebo que em muitos aspectos a cultura do outro e a minha convergem, mais do que complementares, chegam a parecer iguais? O que me impede de adotar a cultura do outro? Não posso gostar de comida japonesa sem ser japonês? Não posso adotar o budismo sendo de uma família tradicional católica?

Esses novos questionamentos vão surgindo, acompanhando o desenvolvimento das sociedades e as relações que estabelecem. Essas reflexões, no compasso que perpassam as experiências dos sujeitos, acabam manifestando-se dentro da escola.

Isso coloca em cena uma nova perspectiva de traduzir, revelar e conviver com a diversidade cultural, seja na sociedade, seja no campo educativo: a transdisciplinaridade e a abordagem transcultural:

> Com relação à interdisciplinaridade e à multidisciplinaridade, a transdisciplinaridade é multirreferencial e multidimensional [...]. A visão transdisciplinar é resolutivamente aberta [...]. A ética transdisciplinar recusa toda atitude que se negue ao diálogo e à discussão, seja qual for sua origem (CETRANS, 2002: 195-196).

Etimologicamente *trans* é o que está ao mesmo tempo *entre* as disciplinas, *através* de diferentes disciplinas e *além* de todas as disciplinas, remetendo à ideia de transcendência (CETRANS, 2002: 10).

Em linhas gerais, a transdisciplinaridade nasceu no meio científico como um novo paradigma e na sua esteira, por associação tem-se a transcultural:

> O transcultural é a ponta de lança da cultura transdisciplinar. Culturas diferentes são facetas diferentes do ser humano. O multicultural permite a interpretação de uma cultura por outra, o intercultural permite a fertilização de uma cultura por outra e o transcultural assegura a tradução de uma cultura em várias outras culturas, mediante a decifração do sentido que as une e, ao mesmo tempo, vai além delas (CETRANS, 2002: 70).

Nessa perspectiva, "o transcultural designa a abertura de todas as culturas para aquilo que as atravessa e as transcende" (CETRANS, 2002). Trata-se de uma "experiência que não pode ser meramente a uma questão teórica, mas que é rica em ensinamentos para a nossa vida diária e para nossas ações no mundo" (p. 68).

Nasce a educação intercultural, em que experiências de trocas intertransculturais são valorizadas, promovidas e potenciadas:

> Trata-se de um lugar privilegiado em que pessoas, sujeitos individuais e coletivos, autores e atores, se organizam, se relacionam, se contextualizam e trocam experiências [...] aprendem e ensinam culturas diferentes, reaprendem as suas próprias culturas, aprendem e reconstroem conhecimentos com base na totalidade dos seus saberes, incluindo-se aí, necessariamente, os conhecimentos científicos acumulados historicamente, levando em consideração todas as manifestações das suas humanidades (PADILHA, 2004: 249-250).

A escola, assim orientada, torna-se palco de experiências pedagógicas e sociais marcadas pela "exploração intersubjetiva da autoformação [...], e por um cruzamento interpessoal e intercultural das produções de saber" (CETRANS, 2002: 107), que podem ser desde aulas e atividades educacionais até atividades artístico-culturais, "pesquisas, atividades de confraternização e eventos populares e comunitários dos mais variados" (PADILHA, 2004: 250).

Nessa abordagem, valorizam-se e promovem-se tanto a tomada de consciência como o poder das pessoas sobre sua própria autoformação, em diferentes dimensões, tendo em conta as diferentes realidades e pontos de vista. Dito de outro modo, a autoformação não deve ser vista como uma topografia [...] "que separa práticas em espaços delimitados, [mas] trata-se de uma [abertura à] pluralidade" (CETRANS, 2002: 107).

Nessa perspectiva, a escola afasta-se de propostas curriculares conteudistas, bem como de uma visão bancária[27] e "enciclopédica"[28] de produção de saberes, que considera os homens como meros receptáculos "a serem preenchidos com fatos empíricos e um amontoado de fatos brutos isolados, que têm de ser catalogados no cérebro, como nas colunas de um dicionário" (GRAMSCI, apud PADILHA, 2004: 192).

Complementarmente, busca-se a construção de uma educação emancipada e emancipadora, em que o processo dialógico, o pensamento crítico e a relação escola-mundo, matrizados por Paulo Freire, assumem vital importância. Nessa direção, a verdadeira dialógica

> não se faz de A para B, ou de A sobre B, mas de A "com" B, mediatizados pelo mundo [...] um mundo que impressiona e desafia a um e a outro, originando visões ou pontos de vistas sobre ele [...] [e é nesse] processo dialógico que a realidade é transformada (FREIRE, 1970: 98-99).

O assistente social não pode alhear-se desse movimento e de sua ressonância na escola, na comunidade e na sociedade. Implica ter claro que ao agir estabelece uma identificação com alguma das três perspectivas.

---

27. A crítica à educação bancária, e por correlação, a defesa da dialógica e da religação da educação com a realidade concreta (no sentido da produção do que Freire chamou de "palavramundo") tem sido amplamente debatida em toda a obra de Paulo Freire. Seguem como referências, a título de aprofundamento, as obras: *Pedagogia do oprimido* (1970), *Educação como prática de liberdade* (1989), *Conscientização: teoria e prática da libertação* (1980), *Pedagogia da autonomia* (1996), *A importância do ato de ler* (1987), entre centenas de outros livros do autor.

28. Padilha (2004), apoiado no pensamento marxiano de Antonio Gramsci, adverte sobre os riscos desse direcionamento: "Ao relacionar cultura e educação há que se tomar cuidado para não nos enclausurarmos em 'conceitos enciclopédicos' de cultura, segundo nos ensina Antônio Gramsci, [...] o que significaria criar elites arrogantes, inexpressivas, aumentando assim a distância entre os saberes daqueles que se consideram os grandes intelectuais da sociedade, colocando-se numa posição de superioridade em relação à maioria da população" (PADILHA, 2001: 192).

Evidentemente, por tudo que dissemos até aqui, neste capítulo e em todo o livro, a transcultura e a transdisciplinaridade são as perspectivas que melhor correspondem à visão crítica e contemporânea do Serviço Social.

7 O uso da literatura infantil e da contação de histórias como estratégia profissional

Temos refletido sobre como o trabalho profissional pode organizar-se nas escolas tecendo algumas orientações. No âmbito destas reflexões, um capítulo à parte é a atuação do assistente social como membro ativo na formação social dos diferentes segmentos que convivem na escola. Imediatamente, quando se pensa em "formação", faz-se associação direta ao professor, compreendendo seu processo de "formação continuada". De fato, a formação social do professor constitui uma das principais ações que devem compor o plano de trabalho do Serviço Social em escolas. Mas, neste capítulo, nos dedicamos à reflexão e à proposição de uma atenção especial à formação social dos alunos, com ênfase em um método correntemente usado nas escolas: a contação de histórias.

Nas escolas, a atividade de contação de histórias tem sido usada a serviço tanto do entretenimento e diversão como da ampliação do universo cultural do aluno. Por ser organicamente relacionada à educação, a atividade é assimilada e absorvida na rotina escolar, integrando ações cotidianas dentro e fora da sala de aula.

Oficinas literárias de contação de histórias podem acontecer, portanto, na sala de aula (promovidas pelos professores da turma), como na biblioteca escolar (desenvolvidas por monitores, arte-educadores ou mesmo funcionários da biblioteca) ou eventos (como feiras de livro) em que autores e arte-educadores são os principais agentes.

Por alguma razão, nos ambientes escolares, os assistentes sociais (diferentemente de profissionais de outras áreas, como a psicologia) não reconhecem a contação de histórias como um recurso potencial ao trabalho profissional. Por acreditarmos que esta revela-se um espaço, pela via da mediação, incrivelmente fértil, dialógico e estratégico a atividades de formação para a cidadania, defendemos sua apropriação (cultural e metodológica) pelo assistente social – sem obviamente perder o foco na especificidade e objetivos profissionais.

Para o Serviço Social, a contação de histórias representa uma forma nova de compor mediação no espaço escolar. Em seu favor está o fato de que a atividade além de sua aderência ao espaço escolar é naturalmente aceita pelos alunos, favorecendo o diálogo e a reflexão próprios dos processos educativo-formativos. Essas condições ensejam empatia, curiosidade e receptividade, bem como abrem canais de diálogo, favorecendo o trabalho de aconselhamento, orientação e formação a ser desenvolvido pelo profissional.

A leitura em grupo e animada (pela teatralidade de quem a realiza) própria da contação de histórias revela-se uma estratégia ao trabalho do assistente social nas escolas junto aos alunos das séries iniciais, em especial quando faz uso de livros de literatura infantil que tenham por "temas norteadores o autoconhecimento, o conhecimento do mundo, a socialização e uma reflexão sobre valores"[29] (ARRUDA et al., 2006: 99).

A contação de histórias para funcionar social e pedagogicamente "deve conter os elementos inseparáveis do universo infantil, como a ludicidade, a imaginação, a fantasia, a interação, contemplados nas atividades das brincadeiras... também sugere-se o uso de canções coreografadas, confecção de fantoches, dramatização e brincadeiras diversas como jogos em grupo, faz de conta, construção de materiais com sucata, como brinque-

---

29. Grifo nosso.

dos, instrumentos musicais e utensílios domésticos" (ARRUDA et al., 2006: 99-100).

O importante é sempre considerar o universo infantil e proporcionar vivências socialmente enriquecedoras às crianças.

Em vários relatos de atividades assim conduzidas por diferentes profissionais na escola registram-se que "os alunos participantes desenvolvem uma visão positiva de si mesmos e constroem relações saudáveis com os outros e consigo próprios" (OSTETTO, 2000; CRAIDY & KAERCHER, 2001; ARRUDA et al., 2006).

Ou seja, a criança vivencia a análise, a descoberta, o aprender e a criação imagética e significativa do mundo pela aproximação lúdica com ideias e representações apresentadas pelo texto e ilustrações do livro infantojuvenil.

As oficinas de contação de histórias, assim, podem integrar-se à agenda profissional de formação social junto aos alunos. Nessa perspectiva, temas como respeito às diferenças, não violência e construção de uma cultura de paz na escola são facilmente aplicáveis.

Mas como se dá esse processo (que ao mesmo tempo é cultural, educativo e social), afinal?

Quando a criança participa do processo de contação de histórias não apenas ouve, mas também interage com as respostas, mensagens e imagens apresentadas.

O contador, envolvido em sua teatralidade e usando os recursos da arte-educação deve durante sua "atuação" propiciar um elenco de informações sociais, culturais e valorativas que enriqueça o sujeito infantil e potencie seu desenvolvimento em diferentes vértices (social, emocional, afetivo, intelectual-cognitivo, ético-social...).

Isso requisita que o profissional investido nessa atividade seja dotado de uma razão aberta e transcultural. Apenas assim será possível colocar a contação de história no seu plano de trabalho, selecionar livros que favoreçam o desenvolvimento de suas atividades formativas e realizar a contação de histórias aproveitando toda a capacidade dessa técnica.

A técnica obviamente centra-se na expressividade de seu executor. Ou seja, não se trata simplesmente de ler uma história, de verbalizar o que se lê no livro. A contação requisita que se use uma linguagem que vai além das palavras em que tanto a palavra falada (em diferentes entonações, vocalizações e espaçamentos), como o silêncio (usando diferentes expressões faciais) e gestualizações das mais variadas conferem corporeidade à textualidade do livro.

Só assim torna-se um sujeito "que forja a translinguagem, ou seja, uma linguagem orgânica que captura a espontaneidade do mundo" (CETRANS, 2002: 69), dando vida e corpo a um texto, transformando cenas, relatos e situações literárias em ricos ensinamentos para a vida diária e para as nossas ações no mundo.

Em países da Europa, por influência da animação sociocultural, a formação profissional do Serviço Social já contempla esses componentes. Mas isso não é realidade na maioria dos países latino-americanos, dentre esses o Brasil. A falta de subsídios soma-se à visão estreita associada à compreensão de que a contação de histórias se resuma a uma meramente atividade lúdica ou que é exercida exclusivamente por profissionais da pedagogia ou arte-educação. Mas ao atuar no terreno escolar há que abrir-se a novas metodologias como estas.

Em nossas experiências temos utilizado os seguintes títulos de livros para pautar temas específicos e correntes no meio escolar: sobre a promoção da frequência escolar (*Lugar de aluno é na escola*); redução do *bullying* (*Perguntas para serem respondidas com gestos*); respeito às diferenças (*O gambá que não sabia sorrir; Viva a diferença* e *O menino do dedo verde*); entre outros.

8 Ação interescolar: quando a itinerância é condição do trabalho profissional

> *Que escola é essa que acontece em condições de itinerância, de deslocamento, que atende crianças, adolescentes, jovens e adultos acampados, por determinado período [...]? É uma escola que caminha com os sujeitos sem terra, que lutam pela reforma agrária* (CAMINI, 2009: 30).

A itinerância escolar remonta a década de 80 do século passado e tem suas origens nas escolas rurais, de via campesina, com forte influencia ideológica do MST e do pensamento marxista.

Nestes, se garantia o direito à educação, através do deslocamento dos serviços escolares até o alunado (numa inversão política interessante) tendo por marco referencial a educação libertadora, de Paulo Freire.

Conforme registros (CAMINI, 2009; BAHNIUK, CAMINI, 2012), essa modalidade nasce das reivindicações do Movimento dos Trabalhadores Rurais Sem Terra (MST) desde as primeiras ocupações, na década de 1980. São, por natureza, escolas públicas de educação básica, situadas no acampamento do MST, e se denominam itinerantes, pois acompanham a luta pela Reforma Agrária, assegurando a escolarização das pessoas do movimento, inicialmente as crianças, que muitas vezes perdiam o ano letivo, devido à falta de vagas nas escolas próximas aos acampamentos ou devido à discriminação, por serem sem terra. O MST do Rio Grande do Sul é pioneiro na luta pela Escola itinerante, servindo de exemplo para acampados de outros Estados, que também buscavam legalizar a vida escolar de seus filhos. A escola itinerante foi aprovada em seis Estados: Rio Grande do Sul (1996), Paraná (2003), Santa Catarina (2004), Goiás (2005), Alagoas (2005) e Piauí (2008).

Ainda que partindo de motivações diferentes da militância do MST, o uso da itinerância no Serviço Social, tendo a educação como espaço profissional, conserva algumas características de sua origem.

A priori, o simples fato de colocar-se em movimento, de sair de uma posição previsível e confortável e ir ao encontro dos sujeitos que visa atender, já sugere um processo democrático e de libertação. Afinal, move-se criticamente, "como um aventureiro responsável, predisposto à mudança, à aceitação do diferente" (FREIRE, 1996: 87).

Segundo essa formulação, é realçada a capacidade auto-organizativa do profissional, a atuação passa a responder a realidades inesperadas, "o aleatório passa a ser parte da organização e a aparente desordem passa a ser o centro do que se define ordem" (FIEDLER-FERRARA, apud CASTRO, 2002: 74).

Complementarmente, "a aproximação com a população é uma das condições para permitir impulsionar ações inovadoras no sentido de reconhecer e atender às efetivas necessidades dos segmentos subalternizados" (IAMAMOTO, 2002: 34).

Na Europa, a itinerância é uma prática comum, sobretudo no ofício de profissionais de apoio à escola, como é o caso dos assistentes sociais e psicólogos escolares. O fato de serem profissionais geralmente em número reduzido é tensionado pela relevância da questão social e familiar nas escolas, representando uma ampliação das demandas e populações na lente do trabalho profissional.

No Brasil, a itinerância é praticada pelo Serviço Social no Rio Grande do Sul, desde a década de 90 do século passado, acompanhando as ações junto às comunidades escolares, com ênfase naquelas situadas em bairros próximos ou de uma mesma microrregião geográfica.

No formato adotado, as equipes multiprofissionais (em que se inseria o assistente social) eram "lotadas" em uma escola-sede, a qual vinculava-se a um grupo de escolas (à semelhança da experiência portuguesa de "Grupamento Escolar"), marcados por certa proximidade local.

A visitação regular, o acompanhamento sistemático das escolas e dos segmentos da comunidade escolar, com ênfase em alunos, professores e pais, geralmente ocorria pelas seguintes "vias":

a) Sob demanda: a pedido da equipe diretiva da escola, tendo em vista uma situação emergencial ou não que seja do âmbito da atenção/competência/atribuição do assistente social – estas podem ocorrer em dias programados/agendados (exemplo: o assistente social está na escola X, sempre às terças-feiras) ou em dias "extras", adicionais, dedicados a chamadas emergenciais.

b) Segundo atividades programadas: conforme plano de trabalho do profissional construído em diálogo com a equipe diretiva da escola e em atenção à compreensão do cenário, necessidades e questões sociais de cada escola.

Apesar de suas raízes crítico-libertárias, na contemporaneidade, quando incorporada à rotina das equipes multiprofissionais, existe uma certa tendência à construção de ações pontuais (em resposta a queixas focalizadas), como conversar com professores sobre a acolhida de um aluno novo, portador de alguma deficiência); dissociadas de processos ou mediações mais elaborados (de impacto maior), como mobilizar esforços para reduzir ou erradicar as situações de *bullying* na escola.

Mas quando o profissional está atento a isso e ampara-se em sua crítica e competência profissional, desvia-se desse erro. "Diante de um contexto gerido por incertezas e pelo fato de se ter de permanentemente enfrentar o inusitado, exige-se do profissional a construção de saberes e capacidades necessariamente ancorados no espírito crítico e razão aberta" (AMARO, 2015: 110).

O conhecimento aprofundado da comunidade escolar, a opção por uma visão crítica, reflexiva e transformadora, bem como a construção de um plano de trabalho estratégico e flexível, são condições básicas a uma itinerância bem-sucedida.

Igualmente importante é a necessidade de o profissional estabelecer (acordar ou reivindicar) as condições de trabalho em que a itinerância se realiza.

Atenção especial deve ser dada ao registro do trabalho profissional, dando visibilidade e significado profissional ao que faz em cada local de atuação, apoiando-se em relatórios e registros formais detalhados (contendo informações sobre atividades realizadas, público atendido, objetivo que mobilizou o atendimento e horários discriminados, desde o deslocamento até a finalização da atividade).

Um outro aspecto a considerar são as condições logísticas e estruturais necessárias ao trabalho itinerante. O transporte que viabiliza o deslocamento do profissional de uma localidade a outra é uma dessas condições. De fato, pautar o transporte é questão central em atividades de itinerância, e seu planejamento implica a previsão de recursos humanos (motorista), materiais (veículo) e orçamentários (desde o pagamento de combustível no caso de o profissional deslocar-se usando seu próprio veículo até diárias do motorista e/ou do profissional no caso de distâncias que requisitem pernoite).

Em nossa experiência[30], a itinerância sempre foi adotada como uma potencialidade do trabalho profissional junto às escolas, ao passo que permite organizar ações articuladas interescolas, conectando tanto suas necessidades e preocupações como seus esforços em torno de dificuldades comuns, tais como:

• a formação de professores (em torno de uma agenda social e inclusivista na escola);

• eventos temáticos (como seminário de orientação a pais ou responsáveis; semana da consciência negra; dia da família na

---

30. Um exemplo disso encontra-se registrado na obra *Serviço Social na escola: o encontro da realidade com a educação* (AMARO et al., 1997b), relativo ao trabalho de formação realizado junto a professores de um grupo de escolas pertencentes a uma mesma microrregião, no Rio Grande do Sul, intitulado "Gestão democrática e ação coletiva na escola: uma assessoria pró-jornada pedagógica" (p. 63-68).

escola; gincana da cidadania; semana de boas práticas de viver sem drogas etc.);

• concursos socioculturais (sobre vida sem drogas; redução da violência; redução da discriminação de gênero e racial...).

Estas, entre outras ações, por serem regionalizadas e abrangerem várias escolas, não só atingem um número maior de pessoas como produzem um impacto maior na mudança pretendida.

V
IDENTIDADE E FORMAÇÃO PARA O TRABALHO EM ESCOLAS

1 Notas sobre a identidade e cultura profissional do assistente social escolar

Em tempo parece ser oportuno falar sobre a identidade e *habitus* do assistente social escolar. Face à diversidade e complexidade dos ambientes educacionais e dos sujeitos que nele convivem, torna-se imprescindível observar que características, atitudes ou representações lhe referem.

Tomando por base o conceito de que a cultura "é a confluência de todos os elementos do sistema relacional da escola, ou seja, a comunicação, a participação, os conflitos, o estio educativo da escola, e o clima como processos interativos que geram um tecido de crenças, suposições, valores e rituais partilhados" (FERNANDEZ & GUTIÉRREZ, apud SANTOS, 2007: 194), pode-se dizer que para o assistente social a convivência com a polissemia de vozes e manifestos culturais exclamados, tal como ocorre em ambientes escolares, não é imediatamente fácil.

Além da diversidade, convive-se com a instantaneidade, ou seja, tudo acontece no mesmo momento, ao mesmo tempo e com a mesma celeridade. Situações de disputa de poder entre adolescentes podem ocorrer no pátio ou na sala de aula. Podem ser visíveis ou sutis, podem deixar marcas físicas ou psicológicas. Podem ser mascaradas ou não, podem ser percebidas ou não, podem ser atendidas ou não. Muita informação, portanto, e muito a decidir sobre como, quando, com quem e em que direção agir.

Se a cultura na escola é plural, O tempo é sempre "presente", não se pode deixar para agir "amanhã" sobre uma cena de *bullying* por exemplo. Tampouco pode-se pedir um prazo de três meses para montar o diagnóstico social e o plano de ações que irá realizar, pois na escola três meses é muito, corresponde a um terço do ano letivo.

Esses condicionantes tensionam e dialetizam a construção de respostas pelo assistente social que trabalha em escolas, delineando uma cultura e identidade profissional peculiar a esse lócus.

Um componente típico da identidade cultural do assistente social escolar é a "cultura de colaboração". Desde cedo, mesmo os assistentes sociais menos experientes, percebem que é impossível agir isoladamente na escola. Mais que isso, descobre-se que, ainda que algumas escolas conservem alguma rigidez ou tradição no modo de educar, a maioria, em contraste a isso, pactua a interdisciplinaridade, a reciprocidade e complementaridade entre os saberes, funções, competências e ações que se realizam no meio escolar.

Nesse sentido, na escola, diferentemente do que ocorre em outras instituições, raramente o assistente social poderá definir sozinho uma estratégia de ação. Da mesma forma, se estiver em sintonia e diálogo efetivo com os demais sujeitos da escola, sempre terá o que fazer e novos desafios, pois na escola as rotinas são apenas superficiais – todo o dia é único, surpreendente, inesperado e desafiador.

Nesse sentido deve-se privilegiar conhecer a escola em sua completude, pesquisando suas origens, por que instalou-se na localidade em que está, como se relaciona com a comunidade e as organizações vizinhas, bem como quais as dificuldades, necessidades e prioridades de seus interlocutores (gestores, alunos, professores, funcionários, pais e demais segmentos da comunidade que convivem na escola).

A partir daí, abrir-se ao diálogo com os colegas de outras profissões que atuam na escola, bem com professores e gestores é fundamental, no sentido de compor com eles ações, parcerias e projetos partilhados.

Aprender a socializar, compartilhar, colocar-se à disposição (dentro de sua especialidade profissional), bem como propor novos saberes e caminhos (no sentido da superação de dificuldades identificadas e do interesse dos sujeitos) e aceitar vivenciar aprendizagens (e não apenas "ensinar") no contexto em que atua, faz parte desse processo.

Confusamente saber ouvir na escola nunca é suficiente. Precisamos saber ouvir e saber falar, argumentar, propor, conduzir processos sociais na escola, refletir sobre processos passados e que não deram certo, ou sobre o ensinamento dos processos exitosos. A prática do assistente social escolar, portanto, é essencialmente discursiva, reflexiva e, por isso mesmo, criativa. Isso significa que assim como os professores estão constantemente sendo convocados (pelas respostas cognitivas ou interativas dos alunos) a aperfeiçoar métodos de ensino-aprendizagem, também os assistentes sociais não podem valer-se simplesmente do pacote metodológico que aprenderam na faculdade, pois no geral em poucos dias serão consideradas enfadonhas, repetitivas ou ultrapassadas. Não se deve adotar uma estratégia única ou contar com uma única alternativa metodológica para atender todos os sujeitos e as diferentes situações que os atravessam. As pessoas são diferentes, vivem situações diferentes e, quando as situações se identificam, mesmo assim as vivem de modo diferente. Assim, recomenda-se dispor de uma torrente de estratégias, as quais só podem ser elaboradas em meio a processos de revisão, autoanálise, articulação, convivência, escuta, ação, reflexão, inovação e mudança tecidos no cotidiano.

Isso coloca como imperativo que o assistente social seja criativo ao propor ações na escola ou na comunidade. Nem sempre a proposição de reuniões ou palestras será a melhor alternativa na organização de uma abordagem ou enfrentamento de uma situação. Mais grave é quando o "kit" não muda e caímos no metodologismo, mesmo vendo que tais técnicas e métodos não geram o resultado desejado. A convivência com professores e outros profissionais pode ser fecunda no sentido da recriação das práticas profissionais. Perceber, por exemplo, como uma gincana pode ser uma estratégia profissional mais interessante e efetiva do que uma palestra de 2 horas sobre um tema (que pode transversalmente ser pautado nas atividades propostas na gincana escolar) é um aprendizado nessa direção. Assim vai-se descobrindo que reuniões podem ser substituídas por "grupos de jovens", "oficinas de criatividade", clube da música, ou como já desenvolvemos, a organização de rádios escolares. Descobre-se que a arte e a cultura podem efetivamente ser ferramentas de mudança, não só na vida social, como no contexto dos processos de trabalho do Serviço Social em escolas.

Novamente, vale um alerta: na escola é impossível compor processos dessa dimensão sozinho. Partilhar a ideia e arregimentar parceiros e colaboradores são atitudes necessárias e fazem muito bem a todos; afinal, já que foco é a escola e o bem-estar coletivo, recomenda-se, por coerência, agir coletivamente. Só o exercício cria tal hábito e prazer de assim agir. Não há manual. Trata-se de construir parcerias sem reduzir-se a compor relações.

Mas para fazer isso o assistente social tem de fazer parte da escola e da vida da escola. Há, portanto, que desenvolver uma pertença àquele espaço e a gente que nele habita.

Há também que compreender os fenômenos, os comportamentos, os sentimentos, as preocupações, os interesses, os valores, os mitos, os conceitos e os preconceitos, as dores, os medos, os processos de perda e os de conquista que marcam, explicam e dinamizam a vida e a história tanto da escola como de seus integrantes.

Assim o profissional interage, articula-se e conjuga-se aos interesses dos sujeitos com quem convive, e nesse compasso forja sua pertença, socialização e identidade profissional, demarcando seu lugar e efetivo contributo no espaço escolar.

Na escola, o desafio metodológico colocado ao assistente social é também um desafio comunicacional:

> trata-se de obter um alinhamento e inspirar as pessoas para sua realização [...] há uma necessidade de entusiasmar o pessoal e incentivar a mudança. Estaremos a dar um grande passo se transformarmos em "heróis" todos quantos trabalham conosco. É importante fazer com que as pessoas façam parte de uma história de sucesso (em contraste com as exclusões que as atravessam) (FULLAN, apud SANTOS, 2007: 189).

A educação como ação social conduz-se por meio de uma formação global em que condições, relações e saberes são preconizados, dentre os quais mais do que aquisição de conhecimentos (cognitivos) está a vivência de experiências inclusivistas e o desenvolvimento de competências que favoreçam a edificação do sujeito e de sua cidadania. Não se pode conceber apenas o professor, pedagogo, como educador nesse processo que é mais que curricular, social. O assistente social, nesse sentido, tem lugar e importância na escola. E mesmo quando a matéria ou questão é curricular, há também o que fazer: em nome da qualidade do ensino, da defesa da inclusão escolar, do provimento de apoios didáticos a portadores de deficiência, a otimização de recursos escolares para a promoção de melhorias que incidam na segurança na escola, na redução de discriminações, na eliminação do *bullying* e na desnaturalização da evasão e do fracasso escolar.

Por tudo o que foi dito até aqui, ser assistente social escolar no presente século, exige um saber e um agir profissionais investidos não só na compreensão de si próprio e de sua especificidade no ambiente escolar, mas também do seu reencontro com o educar e o aprender, e destes com a construção da transformação possível.

Enquanto disciplina profissional, o Serviço Social visa ao maior bem-estar e desenvolvimento dos seres humanos. Por conta disso, o Serviço Social é pleno defensor dos direitos humanos e sociais e processos que incidam na expansão da capacidade e emancipação humanas. Isso define sua incompatibilidade com quaisquer formas de segregação, discriminação, opressão ou violência, exclusão ou injustiça social, sendo a pobreza, o desemprego e todas as formas de opressão e intolerância social ou étnica ou cultural contrárias a seu código ético.

Essas condições e diretrizes, inscritas no projeto profissional e em sua especificidade distinguem os assistentes sociais dos demais profissionais e ratificam sua representação como agentes potenciadores de mudança junto às populações com quem trabalha.

Esse conjunto de premissas leva-lhe a responder, de maneira geral, pelas seguintes funções:

• Detectam quais as necessidades gerais de um indivíduo, família ou grupo social, respondendo pela elaboração do chamado diagnóstico social.

• Reúnem informações voltadas a responder as necessidades dos segmentos atendidos, no sentido de fornecer-lhes orientações e aconselhamento, sempre com vistas a seus direitos e deveres sociais.

• Realizam atendimento social e mediações profissionais no âmbito de determinado organismo ou instituição, tendo os direitos sociais, a questão social e as políticas sociais, como condicionantes de sua práxis, e como perspectiva, a promoção da autonomia, igualdade e justiça social.

Diante disso, nas escolas passa a ser função do assistente social:

• Colaborar com os órgãos de administração e gestão da escola, assim como com os educadores, no âmbito dos apoios socioeducativos.

• Responder pela realização de estudos sociais e visitas domiciliares, tendo por finalidade o diagnóstico social e o monitoramento das situações dos alunos e suas famílias.

• Responder pelo planejamento, realização de estratégias e mediações relativas à agenda do trabalho social na escola.

• Organizar processos sociais, de ação ou formativos, bem como de mobilização comunitária, destinados a prevenir a infrequência escolar e o abandono da escola, em todas as séries da educação básica.

• Promover ações de informação, orientação e sensibilização dos pais, sobre seu papel no desenvolvimento dos filhos, sobre seus deveres relativos ao provimento da frequência e aproveitamento escolar, bem como sobre as consequências sociais e legais da negligência familiar.

• Colaborar, dentro de sua especificidade na promoção de condições favoráveis ao sucesso escolar dos alunos e a construção de um projeto de escola efetivamente cidadã.

• Apoiar os alunos no processo de desenvolvimento humano-social e fortalecimento de sua autonomia e cidadania social, no compasso em que se investe na superação de seus obstáculos e dificuldades.

• Organizar e realizar, dentro de sua especificidade, ações de formação social dirigidas a alunos, pais e professores.

• Desenvolver iniciativas e processos de articulação profissional, em nível de intersetorialidade, realizando interface com profissionais e agentes sociais de instituições e serviços especializados, associados às demandas sociais da escola.

Nessa direção, o assistente social apoia, acompanha e realiza atendimento social a estudantes com defasagem educacional (atraso escolar, multirrepetências, distorção idade/série), estudantes com dificuldades sociais e/ou educacionais, incluindo nesse grupo os portadores de deficiência (NEE); educadores que requisitam orientação social para acompanhar pedagogicamente certos alunos ou compreender as situações sociais que os referenciam e perpassam; e (o que não temos no Brasil) a atenção a refugiados ou imigrantes.

2 Notas sobre a formação profissional para o trabalho na área educacional

A atuação como avaliadora de cursos de graduação, a serviço do Inep/MEC, tem-me oportunizado um conhecimento de diferentes arranjos, muitos desses bastante interessantes, a respeito da organização didático-pedagógica – a saber: a construção da matriz curricular – dos cursos de Serviço Social.

Em que pese a base de orientação dos padrões curriculares nacionais para a área do Serviço Social e sua constante atualização/discussão nos fóruns de debate da Abepss, cada escola ou curso tem a liberdade para orquestrar, em consonância com sua realidade institucional e regional, a matriz curricular que melhor atenda às requisições legais.

Dada nossa acuidade e história de trabalho na área da educação, chamou nossa atenção em alguns currículos a presença de disciplinas intituladas "Serviço Social na Educação". Na maioria dos casos, que tivemos conhecimento, essas disciplinas são ofertadas a partir do 4º semestre e constam do núcleo básico das disciplinas obrigatórias do curso. Excepcionalmente, vimos situações em que aparecem como disciplinas eletivas. Mas o mais importante: a oferta da disciplina guarda um lugar de conhecimento para o Serviço Social contemporâneo, que dialoga com os espaços de trabalho que estão se descortinando na área educacional.

Na maioria das ementas, o conteúdo programático reúne tópicos curriculares e descritores que, em linhas gerais, pautam sobre política educacional e, em sua agenda, a diversidade de processos de trabalho profissionais que podem ser organizados nesse espaço. Observou-se nas ementas uma preocupação especial em demonstrar a escola e outros ambientes educacionais (escolas técnicas, universidades, institutos educacionais, entidades filantrópicas que prestam serviços educacionais etc.) como espaços sociais, em que a questão social se revela e se dimensiona no compasso das relações sociais, pedagógicas, comunitárias, interinstitucionais e globais que são travadas e perpassam o cenário educacional.

A título de contextualização, foi possível perceber que os cursos que têm em sua matriz curricular disciplinas cujo ementário pauta o Serviço Social educacional estão situados em localidades (municípios ou estados) em que o Serviço Social já atua, ou seja, a profissão já está institucionalizada no espaço educacional, não raro na esfera pública.

Essa é a realidade de alguns cursos de Serviço Social no Estado de Minas Gerais[31], bem como nos estados de São Paulo, Bahia, Piauí, Rio de Janeiro, Rio Grande do Sul e, provavelmente, em outras realidades estaduais ou municipais isoladas.

A disciplina "Serviço Social na Educação"[32], disposta na matriz curricular, dialoga com a realidade local, mas também potencia estudantes para atuar nesse lócus ao entrelaçar a proposta pedagógica à oferta de estágio supervisionado em espaços educacionais que contam com a atuação do Serviço Social, ao eleger essa experiência para refletir em sua monografia final de curso (TCC), ou mesmo participar de atividades de pesquisa ou de extensão que se traduzam na política educacional.

---

31. Evidentemente, a matriz curricular do Curso de Serviço Social acompanha o contexto social local. No caso de Minas Gerais, particularmente, recorde-se que desde 2005 a institucionalização do cargo assistente social na educação pública tem amparo legal. O Projeto de Lei 1.297/03, de autoria do Deputado André Quintão (PT), que institui o Serviço Social na rede pública do ensino do Estado de Minas Gerais foi aprovado em 21 de dezembro de 2005.

32. Tivemos a oportunidade de ministrar essa disciplina em dois cursos de graduação em Serviço Social: em 2011, na Unimontes (Minas Gerais) e, em 2012, na Universidade Federal de Santa Maria (Rio Grande do Sul).

Esse dimensionamento temático na matriz curricular, no compasso da ampliação da institucionalização do Serviço Social na educação brasileira, tende a se intensificar nos cursos de bacharelado e, em nosso entendimento, não demorará muito a ganhar espaço também na matriz curricular de cursos de pós-graduação.

A oferta de cursos livres, em nível de extensao – a exemplo dos que ministramos em universidades brasileiras e portuguesas[33] – também não tardará a crescer.

Nessa tendência, seja qual for o nível de formação, quando o tema for Serviço Social na educação, certamente estarão os objetivos:

• Fomentar a construção de uma *expertise* em Serviço Social na educação, abastecendo as redes de educação, públicas e privadas, de todos os níveis de ensino, do fundamental ao superior, de profissionais dotados de competência técnica, ética, crítica e analítica para planejar, orientar, organizar, desenvolver e mediatizar processos de trabalho profissionais, dirigidos à inclusão e à promoção da cidadania no âmbito educacional.

• Articular, promover e consolidar um conhecimento profissional renovado e crítico, capaz de subsidiar a ação competente e contemporânea do Serviço Social brasileiro no campo educacional, bem como qualificá-lo para responder à complexidade e à diversidade dos fenômenos sociais que se manifestam no ambiente educacional e preocupam famílias, comunidades, educadores e gestores.

---

33. Ministramos o curso intitulado "A questão social na escola: a contribuição do Serviço Social na educação", o qual foi realizado entre os meses de maio e junho de 2011, no Rio Grande do Sul, em uma promoção da Facensa – integrante da rede Cnec. E mais tarde, também no Rio Grande do Sul, em setembro de 2011, ministramos o Curso "Assistência Estudantil: caminhos e desafios para os assistentes sociais atuantes nos Institutos Federais de Educação Ciência e Tecnologia – aproximações com o IFRS". *Campus* Farroupilha.

• Promover, qualificar e potenciar as experiências, mediações e contributo do Serviço Social no cenário educacional brasileiro e internacional.

• Estudar, pesquisar, difundir, esclarecer, subsidiar e dimensionar o trabalho profissional do assistente social em ambientes escolares e educacionais, no contexto dos atuais desafios colocados pela sociedade à educação e ao exercício profissional.

• Estimular, apoiar e articular estudos, pesquisas, atividades de extensão e comunitárias associadas aos processos de trabalho do Serviço Social na educação.

• Consolidar um coletivo de profissionais, dotados de conhecimento técnico-científico próprio do Serviço Social, qualificado para desenvolver ações, estudos e pesquisas e colaborar na composição de referenciais técnicos para o trabalho do Serviço Social na educação, em seus diferentes dimensionamentos.

São novos tempos e ótimos "ventos" para o Serviço Social na educação, tempos em que a formação profissional se sintoniza com o desenvolvimento de competências requisitadas no mercado de trabalho e na agenda da profissão.

Promissores ventos, que na trilha do aprimoramento da formação profissional – em que pese a formação generalista – "somam" e aderem ao saber profissional as especificidades do trabalho do Serviço Social na educação.

REFERÊNCIAS

ABRAMOVAY, M. et al. *Cotidiano das escolas*: entre violências. Unesco/MEC/OVE, 2006, 403 p.

_____. *Violências nas escolas*. Brasília: Unesco/Coordenação de DST/Aids/Sedh/CNPq/Instituto Ayrton Senna/Unaids/Banco Mundial/Usaid/Fundação Ford/Cosed/Undime, 2002, 400 p.

ADORNO, S. *O adolescente na criminalidade urbana em São Paulo*. Ministério da Justiça/Secretaria de Estado dos Direitos Humanos, 1999.

_____. A violência na sociedade brasileira: um painel inconcluso em uma democracia não consolidada. In: *Revista Sociedade e Estado*, vol. X, n. 2, jul.-dez./1995, p. 299-341.

ALTOÉ, S. *Menores em tempo de maioridade*: do internato-prisão à vida social. Rio de Janeiro: Ed. Universitária Santa Úrsula, 1993.

AMARO, S. *Pequeno glossário ilustrado da cultura afro-brasileira*. Rio de Janeiro: Autografia, 2015a.

_____. *Viva a diferença!* Porto Alegre: Age, 2015b.

_____. *Bullying*: perguntas para serem respondidas com gestos. Porto Alegre: Age, 2015c.

_____. *Racismo, igualdade racial e políticas de ações afirmativas no Brasil*. Porto Alegre: EDIPUCRS, 2015d.

_____. *Visita domiciliária*: teoria e prática. Porto: Porto Ed., 2015e.

_____. *Crianças vítimas de violência: das sombras do sofrimento à genealogia da resistência* – Uma nova teoria científica. 2. ed.; 1. reimpr. Porto Alegre: EDIPUCRS, 2014a.

_____. *Visita domiciliar*: teoria e prática. Campinas: Papel Social, 2014b.

_____. *Serviço Social na educação*: bases para o trabalho profissional. Florianópolis: EDUFSC, 2012.

_____. Ações afirmativas no Brasil: um aprendizado social, um desafio jurídico, um convite à reflexão. In: *Revista de Cultura e Direitos Humanos da AMB* – Associação dos Magistrados Brasileiros, vol. 1, 2010, p. 44-47.

_____. *Lugar de aluno é na escola*: o papel de cada um. Porto Alegre: Evangraf, 2006a.

_____. *Estratégias de prevenção da violência no ambiente escolar*. Santa Cruz do Sul: IPR, 2006b.

_____. A questão racial na assistência social: um debate emergente. In: *Revista Serviço Social e Sociedade*, n. 81, ano XXVI, 2005a, p. 58-81.

_____. A questão da mulher e a Aids: novos olhares e novas tecnologias de prevenção. In: *Saúde e Sociedade*, vol. 14, n. 2, mai.-ago/2005b. São Paulo [Disponível em http://dx.doi.org/10.1590/S0104-12902005000200010 – Acesso em 14/05/2016].

_____. *Memória do projeto rede social cara limpa*: criatividade, teatro e histórias em quadrinhos na luta contra as drogas. Porto Alegre: Age, 2004.

_____. Autocuidado, autoestima e bem-estar: o mix da educação sexual e saúde preventiva na escola. In: *Anais da II Mostra de Pesquisas em Educação*. Pelotas: Naed/UCPel, 2003 [CD-room].

_____. *A infração infantojuvenil e seu inventário na história infantil de maltrato físico*: um olhar complexo sobre a vitimização e as estratégias de resistência. Porto Alegre: Pontifícia Universidade Católica do Rio Grande do Sul, 2002a [Tese de doutorado].

_____. A vitimização infantojuvenil: reflexos da violência na precarização das relações sociais na escola. In: *Anais do Seminário Violência no Ambiente Escolar*: ações concretas na busca de soluções. Santa Cruz do Sul: Assembleia Legislativa do Rio Grande do Sul, 2002b, p. 28-35.

_____. As duas faces de um crime: crianças vitimizadas e adolescentes infratores. In: *Redes*, vol. 6, n. 1, jan.-abr./2001, p. 149-156.

_____. *Negros*: identidade, exclusão e direitos no Brasil. Porto Alegre: Tchê, 1997.

AMARO, S. et al. *Serviço Social na escola*: o encontro da realidade com a educação. Porto Alegre: Sagra-Luzzatto, 1997b.

AMARO, S. (org.); SANTOS, C.M.B. & PEREIRA, A.P.M.P. *Violência intrafamiliar contra crianças*: risco, proteções e recomendações a profissionais no Brasil e em Portugal. Lisboa: Chiado, 2016.

ANDER-EGG, E. *Perfil del animador socio-cultural.* São Isidro: Humanitas, 1987, 117 p.

ARANTES, E. et al. (org.). Envolvimento de adolescentes com o uso e o tráfico de drogas no Rio de Janeiro. In: *Cadernos Prodeman de Pesquisa*, n. 1, jun./2000. Rio de Janeiro.

ARRUDA, H.C.S.; CORTELINI, C.M.; GRINGS, H.T.; LOUREIRO, F.; LEITE, I.F. & ROSA, N.R.R. Construindo, com histórias: uma história de respeito à infância. In: ABREU, R.S. & ACOSTA, S.B. (orgs.). *Anais do 2º Seminário Nacional de Educação*: escola reflexiva e políticas afirmativas. Charqueadas: Smed, 2006, p. 97-101.

ARRUDA, S. & CAVASIN, S. Escola, orientação sexual e programas preventivos. In: BRASIL/Ministério da Saúde/Secretaria de Políticas de Saúde/Coordenação Nacional de DST e Aids. *Prevenir é sempre melhor*: 99. Brasília, 2000, p. 14-24.

AZEVEDO, M.A. & GUERRA, V.N.A. *Infância e violência fatal em família*: primeiras aproximações em nível de Brasil. São Paulo: Iglu, 1998.

AZEVEDO, M.A. & GUERRA, V.N.A. (orgs.). *Infância e violência doméstica*: fronteiras do conhecimento. São Paulo: Cortez, 1997.

_____. *Crianças vitimizadas*: a Síndrome do Pequeno Poder. São Paulo: Iglu, 1989.

BACHELARD, G. *A dialética da duração.* São Paulo: Ática, 1994.

_____. *A chama de uma vela*. Rio de Janeiro: Bertrand Brasil, 1989 [Trad. Glória de Carvalho Lins].

_____. *O novo espírito científico*. Lisboa: Ed. 70, 1986.

BAHNIUK, C. & CAMINI, I. Escola itinerante. In: CALDART, R.S. et al. (orgs.). *Dicionário da Educação do Campo*. Rio de Janeiro/ São Paulo: Escola Politécnica de Saúde Joaquim Venancio/Expressão Popular, 2012, p. 331-336.

BARBOSA SILVA, A.B. Bullying: *Cartilha 2010* – Projeto Justiça nas Escolas. Brasília: Conselho Nacional de Justiça, 2010.

BAUDRILLARD, J. *As estratégias fatais*. Lisboa: Estampa, 1991.

BRASIL. *Lei 10.639/2003*.

_____. *Estatuto da Igualdade Racial*. Brasília, 2003.

_____. *Decreto 3.298*, de 20/12/1999.

_____. *Lei Federal 9.459*, de 13/05/1997.

_____. *Lei Federal 9.394/1996*.

_____. Lei 8.069/90 – Estatuto da Criança e do Adolescente.

_____. *Lei Federal 7.716*, de 05/01/1989.

_____. *Lei Federal 7.853*, de 24/10/1989.

_____ *Constituição Federal*, 1988.

BRASIL/Ministério da Justiça/Ministério das Relações Exteriores. *Estatuto da Igualdade Racial*. Brasília, 2003.

_____. Programa Nacional de Ações Afirmativas. In: *Diário Oficial*, 14/05/2002.

_____. Declaração de Durban e Plano de Ação: Durban+ 5. In: *Relatório da III Conferência Mundial Contra o Racismo, Discriminação Racial, Xenofobia e Intolerância Correlata*. São Paulo/Brasília: Prefeitura de São Paulo/Cone/Minc/Fundação Cultural Palmares, 2001.

_____. *Décimo relatório periódico relativo à Convenção Internacional sobre a Eliminação de todas as Formas de Discriminação Racial*. Brasília: Funag/Ministério da Justiça, 1996.

_____.*Promoção da Igualdade racial* [Disponível em http://wikicoi. planalto.gov.br/wikicoi/bin/view/EmDestaque – Acesso em 27/11/2010].

BRASIL/Ministério da Saúde. *Sistema de Informação de Agravos de Notificação/Sistema de Vigilância da Saúde. (Sinan/SVS)* – Dados 2011 [Disponível em www.ms.gov.br – Acesso em 15/03/2012].

_____. *Portaria 3.088*, de 23/12/2011 – Institui a Rede de Atenção Psicossocial para Pessoas com Sofrimento ou Transtorno Mental com Necessidades Decorrentes do uso de Crack, Álcool e outras Drogas, no âmbito do Sistema Único de Saúde (SUS) [Disponível em http://www.crack.cnm.org.br/crack/pdf/portaria/Portaria_3088.pdf – Acesso em 03/02/2016].

_____. *Lei 11.343*, de 23/08/2006 – Institui o Sistema Nacional de Políticas Públicas sobre Drogas (Sisnad) [Disponível em http://www.planalto.gov.br/ccivil_03/_ato2004-2006/2006/lei/l11343.htm – Acesso em 10/01/2016].

_____. *A política do Ministério da Saúde para a atenção integral aos usuários de álcool e outras drogas*. Brasília: Ministério da Saúde, 2003.

BRASIL/Secretaria Especial de Direitos Humanos. *Programa Brasil sem Homofobia*. Brasília, 2004, 31 p.

_____. Programa Nacional de Ações Afirmativas. In: *Diário Oficial*, 14/05/2002.

_____. *Programa Nacional de Direitos Humanos (PNDH II)*. Brasília: Presidência da República/Secretaria de Comunicação Social/Ministério da Justiça, 2002.

_____. *Programa Nacional de Direitos Humanos (PNDH I)*. Brasília: Ministério da Justiça, 1996.

BRITTO, R.C.C. & LAMARÃO, M.L. *Criança, violência e cidadania*. Belém: Unama/Fcbia/Asipag, 1994.

CAMINI, I. *Escola itinerante*: na fronteira de uma nova escola. São Paulo: Expressão Popular, 2009.

CARDIA, N. *Pesquisa sobre atitudes, normas culturais e valores em relação à violência em 10 capitais brasileiras*. Brasília: Ministério da Justiça/Secretaria de Estado dos Direitos Humanos, 1999.

CASTEL, R. *A insegurança social* – O que é ser protegido? Petrópolis: Vozes, 2005 [Coleção Temas Sociais] [Trad. Lúcia M. Endlich Orth].

_____. *As metamorfoses da questão social*: uma crônica do salário. Petrópolis: Vozes, 1998 [Trad. Iraci Poleti].

_____. A dinâmica dos processos de marginalização: da vulnerabilidade à "desfiliação". In: *Cadernos CRH*, n. 26 e 27, 1997a, p. 19-40.

_____. As armadilhas da exclusão. In: *Desigualdade e a questão social*. São Paulo: Educ, 1997b, p. 15-48.

_____. Crise nas proteções sociais. Entrevista concedida a Jane A. Russo e Maria da G.R. da Silva. In: *Folha de S. Paulo*, Caderno Mais, 1995.

CASTRO, G. (org.). *Ensaios de complexidade*. Porto Alegre: Sulina, 2002.

CETRANS. *Educação e transdisciplinaridade II*. São Paulo: Triom, 2002.

CHAUÍ, M. *Cultura e democracia* – O discurso competente e outras falas. 3. ed. São Paulo: Moderna, 1972.

COLARES, M. A efetivação do ECA: pistas para uma política pública. Apúd: ABONG. Crianças, adolescentes e violência – Subsídios à IV Conferência Nacional dos Direitos da Criança e do Adolescente. In: *Cadernos Abong*, n. 29, 2001, p. 161-170. São Paulo.

CRAIDY, C.M. & KAERCHER, G.E. (orgs.). *Educação Infantil*: Pra que te quero? Porto Alegre: Artmed, 2001.

DEMO, P. *Participação é conquista*: noções de política social participativa. São Paulo: Cortez/Autores Associados, 1988.

DÍAZ BORDENAVE. *O que é participação?* 8. ed. São Paulo: Brasiliense, 1984.

DIMENSTEIN, G. *A guerra dos meninos*. São Paulo: Brasiliense, 1990.

DURAND, V. Meninas no mundo: histórias de dor, de exploração e de violência no compasso de mudanças urgentes. In: AMARO, S. (org.). *Crianças e adolescentes*: olhares interdisciplinares para questões do nosso tempo. Rio de Janeiro: Autografia, 2016, p. 63-82.

ESTÊVÃO, C.A.V. *Justiça e educação*: a justiça plural e a igualdade complexa na escola. São Paulo: Cortez, 2001.

FALEIROS, E.T.S. *Repensando os conceitos de violência, abuso e exploração sexual de crianças e adolescentes*. Brasília: Thesaurus, 2000.

FALEIROS, E. & COSTA, O. (orgs.). *Políticas públicas e estratégias contra a exploração sexual comercial e o abuso sexual intrafamiliar de crianças e adolescentes*. Brasília: Ministério da Justiça, 1998 [Coleção Garantia de Direitos: Séries, Subsídios, tomo I].

FALEIROS, V.P. (org.). A questão da violência. In: *Anais do X Congresso Brasileiro de Assistentes Sociais*. Rio de Janeiro: Cfess/Cress 7ªR/Abepss/Enesso, 2001.

_____. Redes de exploração e abuso sexual e redes de proteção. In: *Anais do IX Congresso Brasileiro de Assistentes Sociais*. Vol. 1. Goiânia, 1998, p. 267-171.

_____. *Fundamentos e políticas contra a exploração sexual de crianças e adolescentes*: relatório de estudo. Brasília: Cecria/Ministério da Justiça, 1997.

FOUCAULT, M. *A ordem do discurso* – Aula inaugural no Collège de France, pronunciada em 2 de dezembro de 1970. 8. ed. São Paulo: Loyola, 2002 [Trad. Laura Fraga de Almeida Sampaio].

_____. *Microfísica do poder*. 10. ed. Rio de Janeiro: Graal, 1992a.

_____. *Genealogia del racismo*. Madri: La Piqueta, 1992b.

_____. *História de sexualidade 3* – O cuidado de si. Rio de Janeiro: Graal, 1984.

FREIRE, P. *Extensão ou comunicação?* 11. ed. Rio de Janeiro: Paz e Terra, 2001.

_____. *Pedagogia da autonomia:* saberes necessários à prática educativa. São Paulo: Paz e Terra, 1996.

_____. *Educação como prática de liberdade.* São Paulo: Paz e Terra, 1989.

_____. *A importância do ato de ler:* em três artigos que se completam. São Paulo: Autores Associados/Cortez, 1987.

_____. *Conscientização:* teoria e prática da libertação. São Paulo: Moraes, 1980.

_____. *Pedagogia do oprimido.* Rio de Janeiro: Paz e Terra, 1970.

GADOTTI, M. *Diversidade cultural e educação para todos.* Rio de Janeiro: Graal, 1992.

GADOTTI, M.; FREIRE, P. & GUIMARAES, S. *Pedagogia:* diálogo e conflito. São Paulo: Cortez, 1989.

GIROUX, H. *La escuela y la lucha por la cidadania.* Madri: Siglo Veintiuno, 1993.

GRANJA, B.P. *Assistente social:* identidade e saber. Porto: Universidade do Porto, 2008 [Tese de doutorado].

GUERRA, V.N.A. *Violência de pais contra filhos:* a tragédia revisitada. São Paulo: Cortez, 1998.

HELLER, A. Uma crise global da civilização: os desafios futuros. In: HELLER, A. et al. *A crise dos paradigmas em ciências sociais e os desafios para o século XXI.* Rio de Janeiro: Contraponto, 2000, p. 13-32.

_____. *O cotidiano e a história.* 4. ed. São Paulo: Paz e Terra, 1992, 121 p.

_____. *A filosofia radical.* São Paulo: Brasiliense, 1983, 191 p.

_____. *Para mudar a vida:* felicidade, liberdade e democracia – Entrevista a Ferdinando Adornato. São Paulo: Brasiliense, 1982, 204 p.

HENRIQUES, R. Silêncio – O canto da desigualdade racial. In: ASHOKA EMPREENDEDORES SOCIAIS & TAKANO CIDADANIA (orgs.). *Racismos contemporâneos*. Rio de Janeiro: Takano, 2003, p. 13-17.

_____. *Desigualdade racial no Brasil*: evolução das condições de vida na década de 90. Rio de Janeiro: Ipea, jul./2001.

IAMAMOTO, M.V. *Projeto profissional, espaços ocupacionais e trabalho do(a) assistente social na atualidade*. In: CFESS (org.) *Atribuições privativas do(a) assistente social em questão*. Brasília: Cfess, 2002, p. 13-50.

_____. *O Serviço Social na contemporaneidade*: trabalho e formação profissional. 2. ed. São Paulo: Cortez, 1999.

_____. *Renovação e conservadorismo no Serviço Social*: ensaios críticos. São Paulo: Cortez, 1992.

IANNI, O. *A ideia de Brasil moderno*. 2. ed. São Paulo: Brasiliense, 1994.

_____. *Raças e classes sociais no Brasil*. 3. ed. São Paulo: Brasiliense, 1987.

IBGE. Síntese de indicadores sociais: uma análise das condições de vida da população brasileira – 2010. In: *Estudos e Pesquisas*, n. 27, 2010, 317 p. Rio de Janeiro [Disponível em www.ibge.com.br].

JESUS, J.G. Crianças *trans*, vocês existiam? – Memórias e seus impactos nos adultos *trans*. In: AMARO, S. (org.). *Crianças e adolescentes*: olhares interdisciplinares para questões do nosso tempo. Rio de Janeiro: Autografia, 2016, p. 167-184.

JESUS, J.P. Terreiro e cidadania: um projeto de combate ao racismo cultural religioso afro e de implementação de ações sociais em comunidades-terreiros. In: ASHOKA EMPREENDEDORES SOCIAIS & TAKANO CIDADANIA (orgs.). *Racismos contemporâneos*. Rio de Janeiro: Takano, 2003, p. 185-200.

JUNQUEIRA, R.D. (org.). *Diversidade sexual na educação*: problematizações sobre a homofobia nas escolas. Brasília: Ministério da Educação/Secretaria de Educação Continuada, Alfabetização e Diversidade/Unesco, 2009, 458 p.

KOSIK, K. *Dialética do concreto*. 5. ed. Rio de Janeiro: Paz e Terra, 1989 [Trad. Célia Neves e Alderico Toríbio].

LEE, J. *The empowerment to social work practice*. Columbia University Press, 1994.

LIMA, L.C. *A escola como organização e a participação na organização escolar*. 2. ed. Braga: Universidade do Minho, 1998.

LOURO, G.L.; FELIPE, J. & GOELLNER, S.V. (orgs.). *Corpo, gênero e sexualidade*: um debate contemporâneo na educação. Petrópolis: Vozes, 2003.

LUCENA, M.F.G. *Saúde, gênero e violência*: um estudo comparativo Brasil/França. Recife: UFPE, 2010, 246 p.

MAIA, M. Ecologia social e comportamentos sexuais de risco de jovens da região de Île-de-France. In: SILVA, P.G.; SACRAMENTO, O. & PORTELA, J. *Etnografia e intervenção social*: por uma práxis reflexiva. Lisboa: Colibri, 2011, p. 175-188.

MAFFESOLI, M. Solidariedade pós-moderna e sociedade civil. In: *Revista Tempo Brasileiro*, jul.-dez./1991, p. 106-107. Rio de Janeiro.

MARTINELLI, M.L. *Serviço Social*: identidade e alienação. São Paulo: Cortez, 1989.

MARTINS, J.S. Reflexão crítica sobre o tema da exclusão social. In: *A sociedade vista do abismo*: novos estudos sobre exclusão, pobreza e classes sociais. Petrópolis: Vozes, 2002, p. 25-47.

_____. *Exclusão social e a nova desigualdade*. São Paulo: Paulus, 1997.

MARTINS, S.S. Guia de direitos do brasileiro afro-descendente – Direito e legislação antirracista. Brasília: Ministério da Justiça/Secretaria de Estado dos Direitos Humanos, 2001 [Cadernos Ceap].

MATURANA, H. *Emoções e linguagem na educação e na política*. Belo Horizonte: UFMG, 1999.

MEC. *Termo de referência*: instruções para apresentação e seleção de projetos de capacitação/formação de profissionais da educação para a cidadania e a diversidade sexual. Brasília, 2005.

_____. *Formulário do censo escolar*. Brasília: Ministério da Educação/Inep, 2005.

_____. *Ideb* [Disponível em http://ideb.inep.gov.br/Files/Site/Download/Nota_Tecnica_IDEB.pdf – Acesso em 14/12/2008].

_____. *Plano de desenvolvimento da educação nacional* [Disponível em www.mec.gov.br – Acesso em 04/04/2007].

_____. *Compromisso todos pela educação* [Disponível em www.mec.gov.br – Acesso em 21/03/2007].

MEC e Unesco analisam em livro a homofobia pela ótica das ciências humanas [Disponível em http://unesdoc.unesco.org/images/0018/001871/187191por.pdf – Acesso em 18/07/2011].

MEC/SECAD. *Nota oficial sobre o Projeto Escola sem Homofobia* [Disponível em www.ecos.org.br/projetos/esh/notaoficial.pdf – Acesso em 18/07/2011d].

MEC/SEPPIR. *Diretrizes Curriculares Nacionais para a educação das relações étnico-raciais e para o ensino da História e Cultura Afro-brasileira e Africana*. Brasília: MEC/Seppir, 2004.

MORIN, E. *Os sete saberes necessários à educação do futuro*. São Paulo/Brasília: Cortez/Unesco, 2001.

_____. *O método 3*: o conhecimento do conhecimento. 2. ed. Porto Alegre: Sulina, 1999 [Trad. Juremir Machado da Silva].

_____. *Ciência com consciência*. Rio de Janeiro: Bertrand Brasil, 1998.

MOTT, L. *O jovem homossexual*: noções básicas de direitos humanos para professores, profissionais da saúde e para jovens *gays*, lésbicas, transgêneros e seus familiares. Salvador: Grupo Gay da Bahia, 2002, 20 p.

MOTT, L. & CERQUEIRA, M. *Matei porque odeio gay*. Salvador: Grupo Gay da Bahia, 2003, 256 p.

NAHUR, M.T.M. Violência (*bullying* e *cyberbullying*): modernidade e crise de sentido, ética e direitos humanos. In: ALKIMIN, M.A. (org.). *Bullying*: visão interdisciplinar. Campinas: Alínea, 2001, p. 53-82.

NETTO, J.P. *Capitalismo monopolista e Serviço Social*. São Paulo, Cortez, 1992, p.15-101.

_____. *Ditadura e Serviço Social*: uma Análise do Serviço Social no Brasil pós-64. São Paulo: Cortez, 1991.

_____. A crítica conservadora à reconceptualização. In: *Serviço Social e Sociedade*, n. 5, 1981. São Paulo: Cortez.

ONU. *Assembleia Geral da ONU, 2006* [Disponível em http://www.observatoriodegenero.gov.br/eixo/internacional/documentos-internacionais – Acesso em 05/01/2015].

OSTETTO, L.E. *Encontros e encantamento na Educação Infantil*. São Paulo: Papirus, 2000.

PADILHA, P.R. *Currículo intertranscultural*: novos itinerários para a educação. São Paulo: Cortez/Instituto Paulo Freire, 2004.

PORTELLA, E. Apresentação – A lição de Montevidéu. In: *Revista Tempo Brasileiro*, jul.-dez./1991, p. 106-107. Rio de Janeiro.

QUEIROZ, J.J. *O mundo do menor infrator*. São Paulo: Cortez/Autores Associados, 1987a.

RUFINO, A. Configurações em preto e branco. In: ASHOKA EMPREENDEDORES SOCIAIS & TAKANO CIDADANIA (orgs.). *Racismos contemporâneos*. Rio de Janeiro: Takano, 2003, p. 21-38.

SAFFIOTTI, H. No fio da navalha: violência contra crianças e adolescentes no Brasil. In: REICHER, F. (org.). *Quem mandou nascer mulher*. São Paulo: Ágora, 1997.

SANTOS, A.F. *Eu, negro* – Discriminação racial no Brasil, existe? São Paulo: Loyola, 1988.

SANTOS, E. Desvendando a família negra: exclusão, etnia e identidade social. In: *Anais do IX Congresso Brasileiro de Assistentes Sociais*. Vol. 1. Goiânia, 1998.

SANTOS, I.A.A. *O Movimento Negro e o Estado (1983-1987)*: o caso do Conselho de Participação e Desenvolvimento da Comunidade Negra no Governo de São Paulo. São Paulo: Prefeitura de São Paulo/CONE, 2006, 185 p.

_____. Discriminação: uma questão de direitos humanos. In: OLIVEIRA, D.D. (org.) et al. *50 anos depois*: relações raciais e grupos socialmente segregados. Brasília: Movimento Nacional de Direitos Humanos, 1999, p. 53-74.

SANTOS, S.A. Ação afirmativa ou a utopia possível. In: OLIVEIRA, D.D. (org) et al. *50 anos depois*: relações raciais e grupos socialmente segregados. Brasília: Movimento Nacional de Direitos Humanos, 1999, p. 37-51.

SAUL, A.M. Mudar a cara da escola: reformulação do currículo. In: NOGUEIRA, A. & GERALDI, J.W. *Paulo Freire*: trabalho, comentário, reflexão. Petrópolis: Vozes, 1990, p. 52-58.

SERRA, R.M.S. *Crise de materialidade no Serviço Social*: repercussões no mercado profissional. São Paulo: Cortez, 2000.

SILVA, N.V. O preço da cor: diferenciais na distribuição de renda no Brasil. In: *Pesquisa e Planejamento Econômico*, n. 10, 1980, p. 21-44.

SILVA, N.V. & HASENBALG, C. *Relações raciais no Brasil contemporâneo*. Rio de Janeiro: Rio Fundo, 1993.

SILVA, V.P. & BENTO, M.A.S. Racismo e mercado de trabalho. In: OLIVEIRA, D.D. (org.) et al. *50 anos depois*: relações raciais e grupos socialmente segregados. Brasília: Movimento Nacional de Direitos Humanos, 1999, p. 93-103.

SOCIEDADE BRASILEIRA DE CIRURGIA PLÁSTICA (SBCP). *Número de cirurgias plásticas entre adolescentes aumenta 141% em 4 anos* [Disponível em https://goo.gl/0FFG3k – Acesso em 03/04/2016].

SOUZA, A.A.G. O judiciário protege a criança e o adolescente? In: LEVINSKY, D.L. *Adolescência e violência: ações comunitárias na prevenção* – Conhecendo, articulando, integrando e multiplicando. São Paulo: Casa do Psicólogo/Hebraica, 2001, p. 187-198.

UNESCO. *O perfil dos professores brasileiros*: o que fazem, o que pensam, o que almejam. Brasília/São Paulo: Unesco/Moderna, 2004a, 224 p.

_____. *Juventudes e sexualidade*. Brasília: Unesco, 2004b, 425 p.

UNFPA/Fundo de População das Nações Unidas. *Relatório Situação da População Mundial 2013* – Maternidade Precoce: enfrentando o desafio da gravidez na adolescência [Disponível em www.unfpa.org – Acesso em 03/04/2016].

VOLPI, M. *Sem liberdade, sem direitos*: a privação de liberdade na percepção do adolescente. São Paulo: Cortez, 2001.

VOLPI, M. (org.). *O adolescente e o ato infracional*. São Paulo: Cortez, 1997.

WAISELFISZ, J.J. *Mapa da violência 2012* – Crianças e adolescentes no Brasil. Rio de Janeiro: Flacso Brasil, 2012.

WITIUK, I.L. *A trajetória sócio-histórica do Serviço Social no espaço da escola*. São Paulo: Pontifícia Universidade Católica de São Paulo, 2004 [Tese de doutorado].

YASBECK, M.C. Assistência Social brasileira: limites e possibilidades na transição do milênio. Apud Política de Assistência Social: uma trajetória de avanços e desafios. In: *Cadernos Abong*, n. 30, nov./2001.

_____. *O Serviço Social como especialização do trabalho coletivo* – Reprodução social, trabalho e Serviço Social (Módulo I). Brasília: Cead/UNB. 1999.

ÍNDICE

Sumário, 5

Introdução, 7

I – Serviço Social nas escolas no século XXI: um novo (re)começo?, 11

II – Desafios para o assistente social que pretende atuar na educação, 19

    1 Descobrir a escola como lócus do trabalho profissional, 19

    2 Conhecer profundamente a política educacional, 20

    3 Compreender a dialética das relações e ações que ocorrem em ambientes escolares, 22

    4 Compreender a categoria tempo no cotidiano na escola, 26

    5 Construir o plano de trabalho profissional na escola, 31

III – O Serviço Social e a questão social na escola, 36

    1 Em tempo: repensar a questão social é preciso, 36

    2 Desvendar a questão social na escola, 41

    3 Manifestações da questão social no cenário educacional, 45

        3.1 O desafio da frequência escolar, 45

        3.2 O fenômeno da precarização social, 51

        3.3 Da precarização social à precarização das relações familiares, 56

        3.4 A questão das drogas, 60

        3.5 Crianças vítimas de violência, 64

        3.6 Homofobia na escola, 70

3.7 *Bullying, cyberbullying* e outros manifestos de violência social na escola, 76

3.8 A questão étnico-racial na escola, 82

3.9 A questão social das meninas: sexualização precoce e gravidez na adolescência, 91

IV – Fundamentos e processos potenciais, 100

1 Visão crítica, razão aberta e criatividade metodológica, 100

2 Promoção de processos inclusivistas e democráticos nos ambientes escolares, 104

3 O diálogo como gerador de mudanças, 107

4 Promoção da participação da família e da comunidade na escola, 113

5 Promover a emancipação e o empoderamento dos indivíduos, 118

6 Desenvolver e promover vivências transdisciplinares e transculturais na escola, 126

7 O uso da literatura infantil e da contação de histórias como estratégia profissional, 134

8 Ação interescolar: quando a itinerância é condição do trabalho profissional, 138

V – Identidade e formação para o trabalho em escolas, 143

1 Notas sobre a identidade e cultura profissional do assistente social escolar, 143

2 Notas sobre a formação profissional para o trabalho na área educacional, 150

Referências, 155

SAÚDE E TRABALHO NO BRASIL
Uma revolução silenciosa

Jorge Machado
Lúcia Soratto
Wanderley Codo
(orgs.)

O Ntep – Nexo técnico epidemiológico – é uma nova metodologia de avaliação dos acidentes e doenças no trabalho que se utiliza da epidemiologia para estabelecer os riscos que atingem a saúde do trabalhador. Todos os interessados, engenheiros de segurança, ergônomos, médicos do trabalho, psicólogos, assistentes sociais, departamento de recursos humanos e/ou saúde na empresa, dispõem agora de um material farto e claro sobre saúde e trabalho e a contribuição do Ntep, que este livro reporta e documenta.

Conecte-se conosco:

 facebook.com/editoravozes

 @editoravozes

 @editora_vozes

 youtube.com/editoravozes

 +55 24 2233-9033

www.vozes.com.br

Conheça nossas lojas:

www.livrariavozes.com.br

Belo Horizonte – Brasília – Campinas – Cuiabá – Curitiba
Fortaleza – Juiz de Fora – Petrópolis – Recife – São Paulo

  Vozes de Bolso

EDITORA VOZES LTDA.
Rua Frei Luís, 100 – Centro – Cep 25689-900 – Petrópolis, RJ
Tel.: (24) 2233-9000 – E-mail: vendas@vozes.com.br